中華文明地圖

隋唐∕五代∕遼宋西夏金

2

華林甫 主編

胡恆 副主編

商務印書館

本書由中國地圖出版社授予商務印書館（香港）有限公司出版繁體中文版（紙本書）

策　劃：卜慶華　王秀秀

中華文明地圖 第二卷

主　　編　華林甫

副 主 編　胡　恆

編　　委　趙逸才（先秦、三國兩晉南北朝）　郭照啓（秦漢）　尹文瑜（隋唐五代）
　　　　　楊東峰（遼宋西夏金）　郭宇昕（元）　孫慧羽（明）　李　誠（清）

責任編輯　徐昕宇

裝幀設計　張　毅

排　　版　周　榮

出　　版　商務印書館（香港）有限公司
　　　　　香港筲箕灣耀興道 3 號東滙廣場 8 樓
　　　　　http://www.commercialpress.com.hk

發　　行　香港聯合書刊物流有限公司
　　　　　香港新界大埔汀麗路 36 號中華商務印刷大廈 3 字樓

印　　刷　美雅印刷製本有限公司
　　　　　九龍觀塘榮業街 6 號海濱工業大廈 4 樓 A 室

版　　次　2020 年 7 月第 1 版第 1 次印刷
　　　　　© 2020 商務印書館（香港）有限公司
　　　　　ISBN 978 962 07 5814 0
　　　　　Printed in Hong Kong

目錄

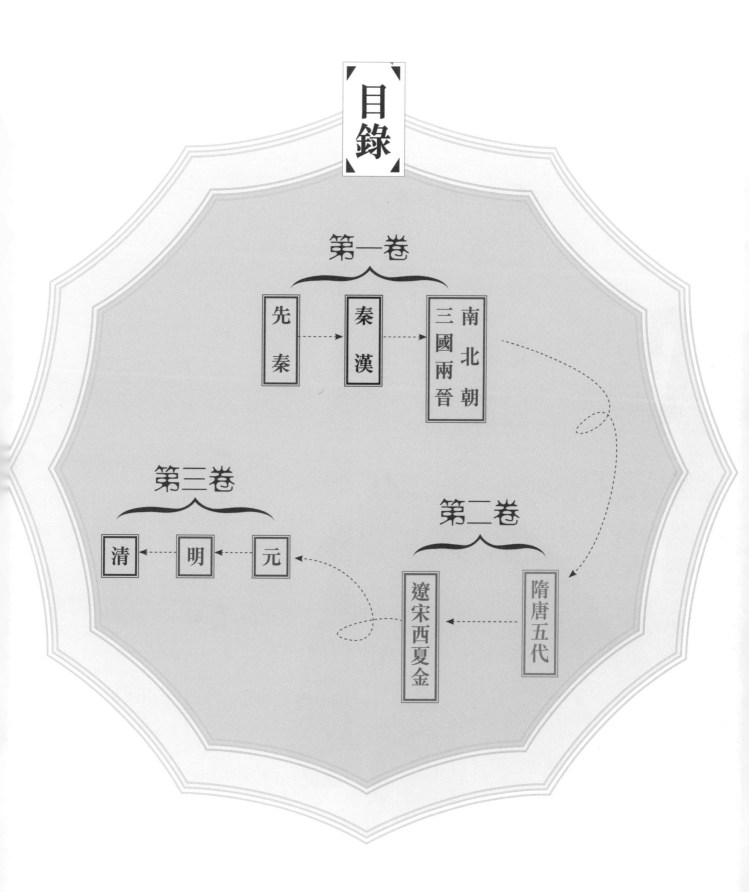

隋唐五代 文明鼎盛 風華絕代

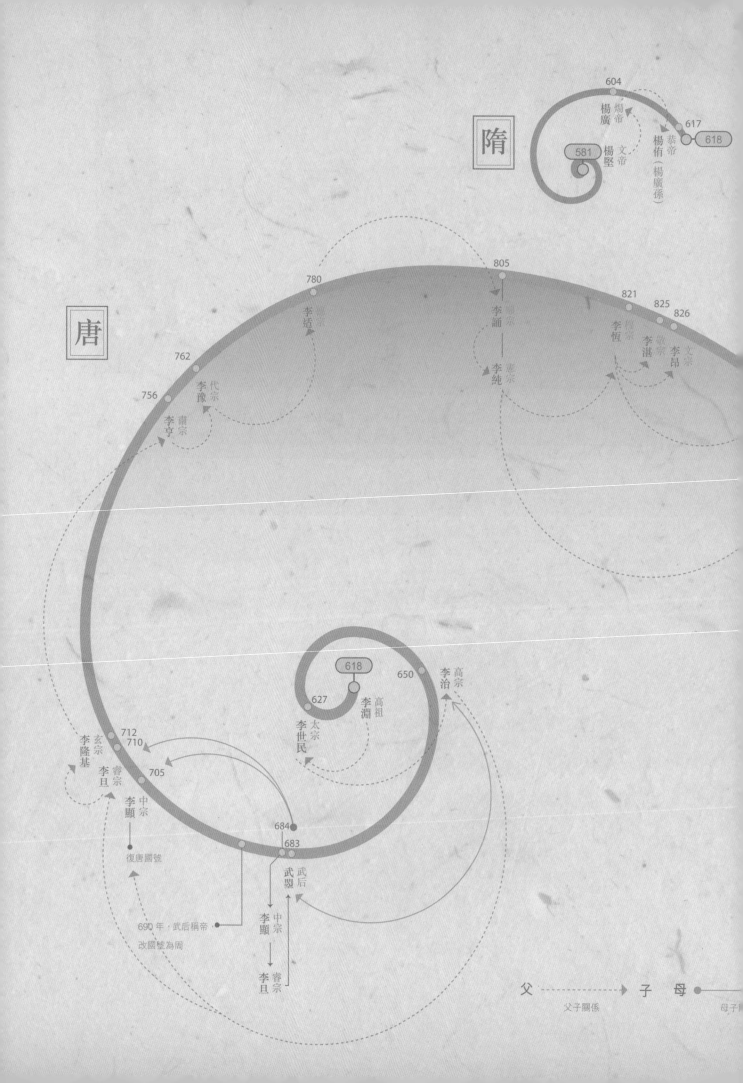

隋

604
楊帝
楊廣
楊文堅帝
617
恭侑帝楊（楊廣孫）
581 楊堅
618

唐

805
李誦
順宗
李純
憲宗

821
李恆
穆宗

825
李湛
敬宗

826
李昂
文宗

780
李适
德宗

762
李豫
代宗

756
李亨
肅宗

618
李淵
高祖

627
李世民
太宗

650
李治
高宗

712
710
李隆基
玄宗

705
李旦
睿宗

李顯
中宗

復唐國號

684
683
武盟
武后

690年·武后稱帝
改國號為周

李顯
中宗

李旦
睿宗

父 - - - ► 子 母 ●

父子關係   母子

隋唐五代

581 年，楊堅接受北周靜帝禪讓，登基稱帝，改國號為隋，並於 589 年滅陳，再次建立統一的王朝。隋朝曇花一現，重蹈秦短祚的覆轍，歷三世而亡，僅存 38 年。618 年，李淵稱帝，建立唐朝。唐朝是中國歷史上多為後人稱頌的時代，尤其是唐前期，先後出現了"貞觀之治""開元盛世"的繁榮局面。安史之亂成為唐由盛轉衰的轉折點，同時也開啓了唐代藩鎮割據的混亂局面。隋唐五代是中國政治、經濟、文化、社會全面發展並臻於完善的時期，是繼秦漢之後出現的又一個統一而興盛的時代。這一時期的中國，以恢宏的氣勢、開放的姿態，雄立於世界的東方；以海納百川的包容性，鑄就了盛世的繁榮；以瑰麗斑斕的色調，在中華文明史上寫下了濃墨重彩的一筆。

文明鼎盛
風華絕代

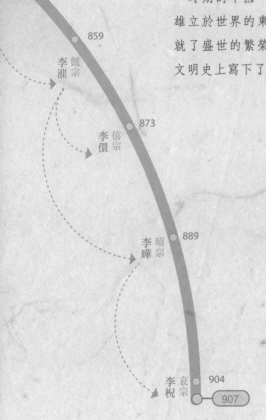

847
宣宗

859
懿宗
李漼

873
僖宗
李儇

889
昭宗
李曄

904
哀宗
李柷
907

夫 ←——→ 妻
夫妻關係

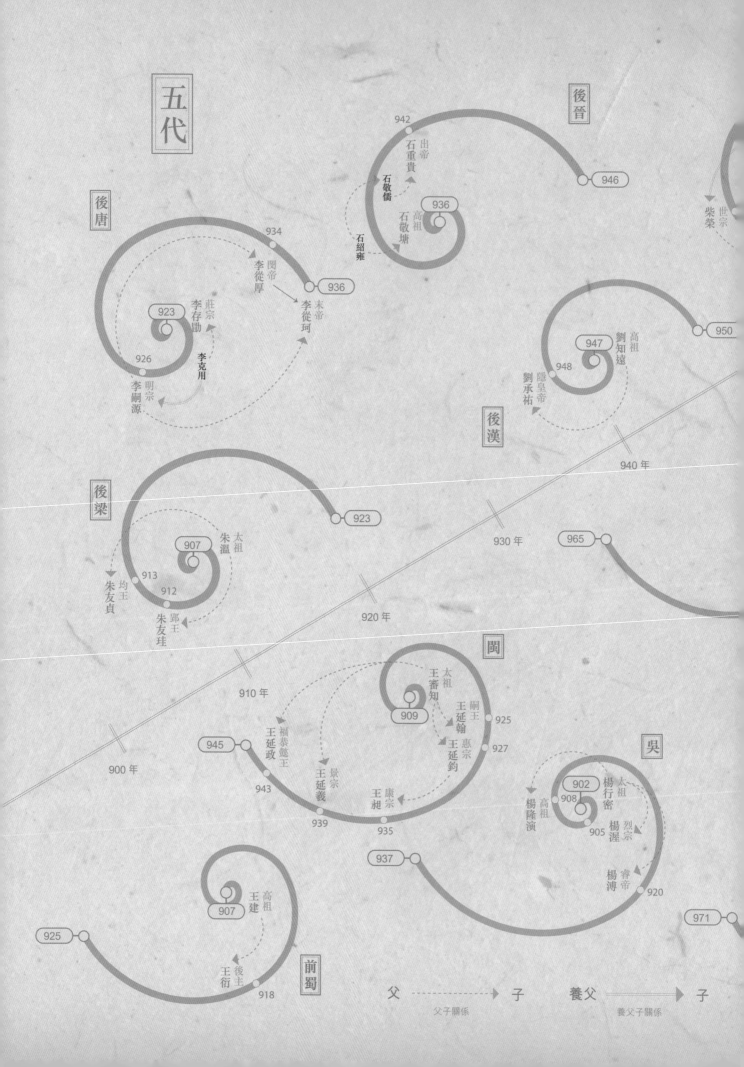

五代

後晉
942
出帝
石重貴
石敬儒
石敬瑭 高祖
936
石紹雍
946

後唐
934
閔帝
李從厚
莊宗
李存勖
923
末帝
李從珂
李克用
926
明宗
李嗣源

後漢
高祖
劉知遠
947
948
隱皇帝
劉承祐
950
940 年

後梁
太祖
朱溫
907
913
均王
朱友貞
912
郢王
朱友珪
923
930 年
965
920 年

閩
太祖
王審知
嗣王
王延翰
925
惠宗
王延鈞
927
909
福恭懿王
王延政
景宗
王延羲
康宗
王昶
935
945
943
939
937

吳
太祖
楊行密
902
908
高祖
楊隆演
烈宗
楊渥
905
睿帝
楊溥
920
971

910 年

900 年

前蜀
高祖
王建
907
後主
王衍
925
918

父 - - - - ▶ 子　養父 ────▶ 子
父子關係　　　　養父子關係

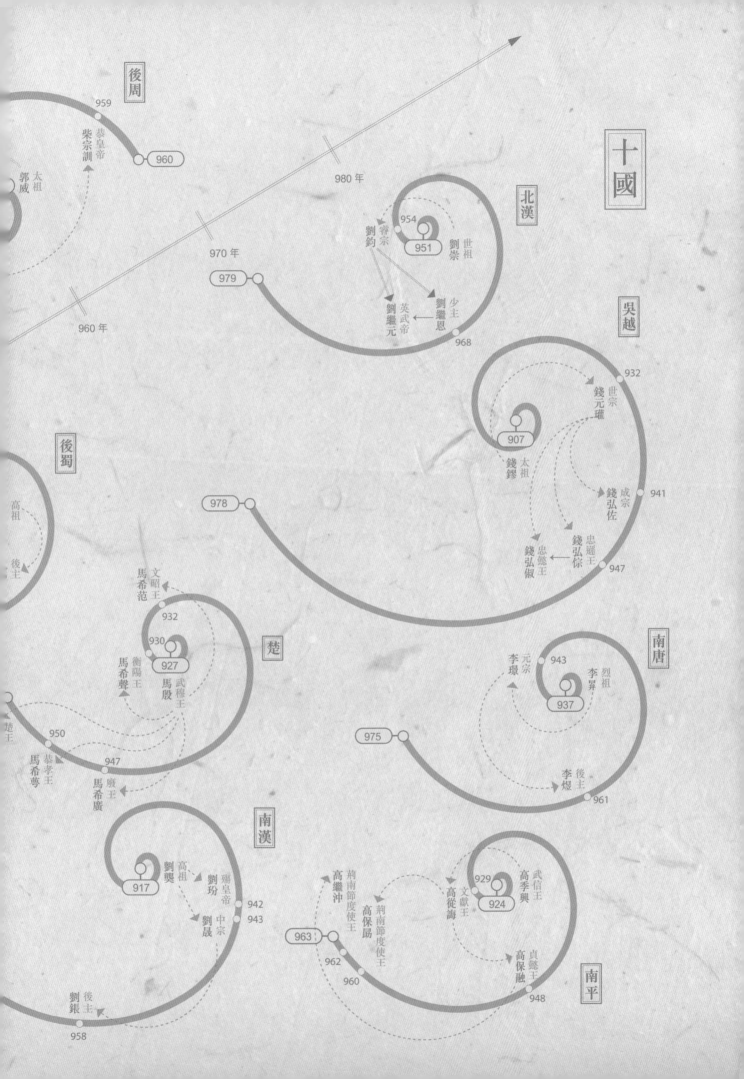

後周
959
恭皇帝
柴宗訓
960
太祖
郭威

980 年

970 年

960 年

十國

北漢
954
睿宗
劉鈞
951
世祖
劉崇
英武帝
劉繼元
少主
劉繼恩
968

979

吳越
932
世宗
錢元瓘
907
太祖
錢鏐
成宗
錢弘佐
941
忠遜王
錢弘倧
忠懿王
錢弘俶
947

後蜀
高祖
後主
978

楚
文昭王
馬希范
932
930
衡陽王
馬希聲
927
武穆王
馬殷
楚王
950
恭孝王
馬希萼
947
廢王
馬希廣

南唐
元宗
李璟
943
烈祖
李昪
937
975
後主
李煜
961

南漢
高祖
劉龑
殤皇帝
劉玢
942
中宗
劉晟
943
917
後主
劉鋹
958

南平
荊南節度使王
高繼沖
荊南節度使王
高保勗
963
962
960
武信王
高季興
929
文獻王
高從誨
924
貞懿王
高保融
948

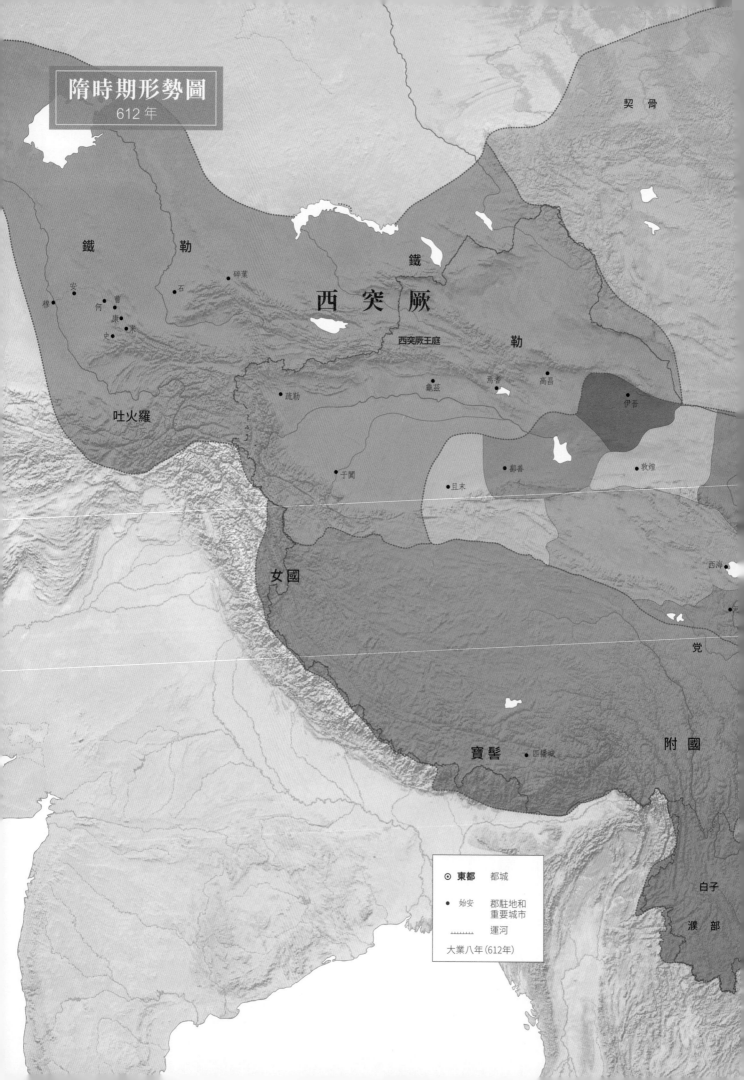

隋時期形勢圖
612 年

鐵　勒

西　突　厥

鐵　勒

勒

契　骨

安
穆
曹
何　康
史　米

碎葉
石

西突厥王庭

疏勒

龜茲
焉耆
高昌
伊吾

于闐
且末
鄯善
敦煌

吐火羅

女　國

西海

河

党

寶髻
邏些城

附　國

白子

濮部

⊙ 東都　　都城

● 始安　　郡駐地和
　　　　　重要城市

‥‥‥‥ 運河

大業八年 (612年)

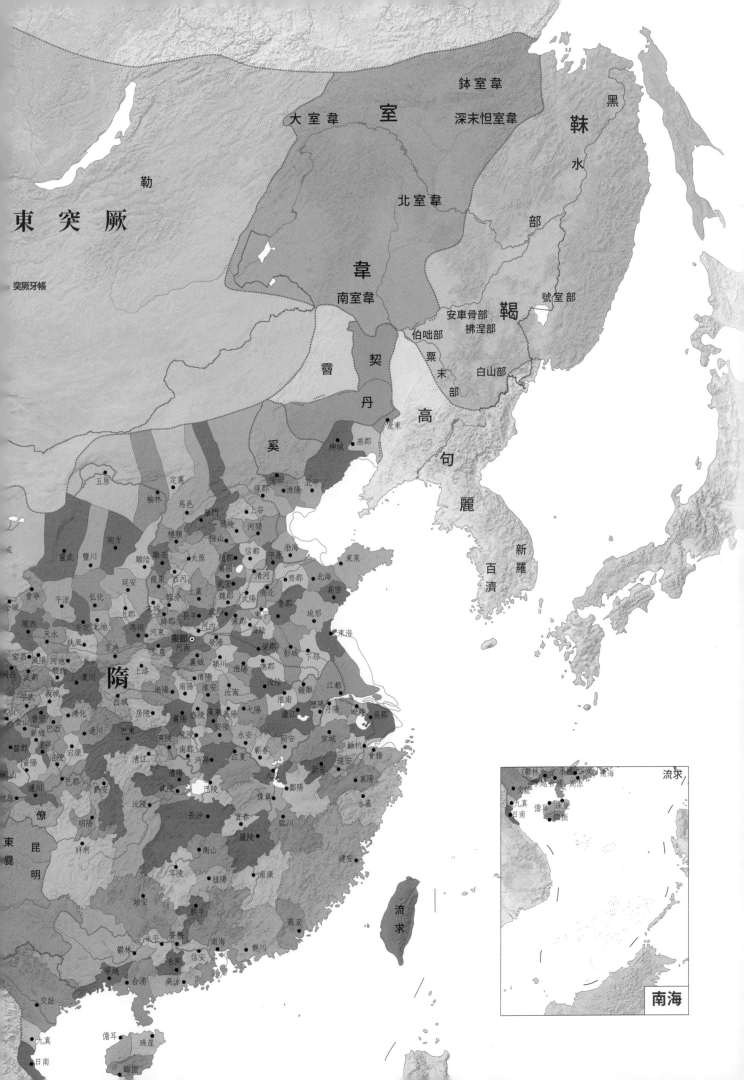

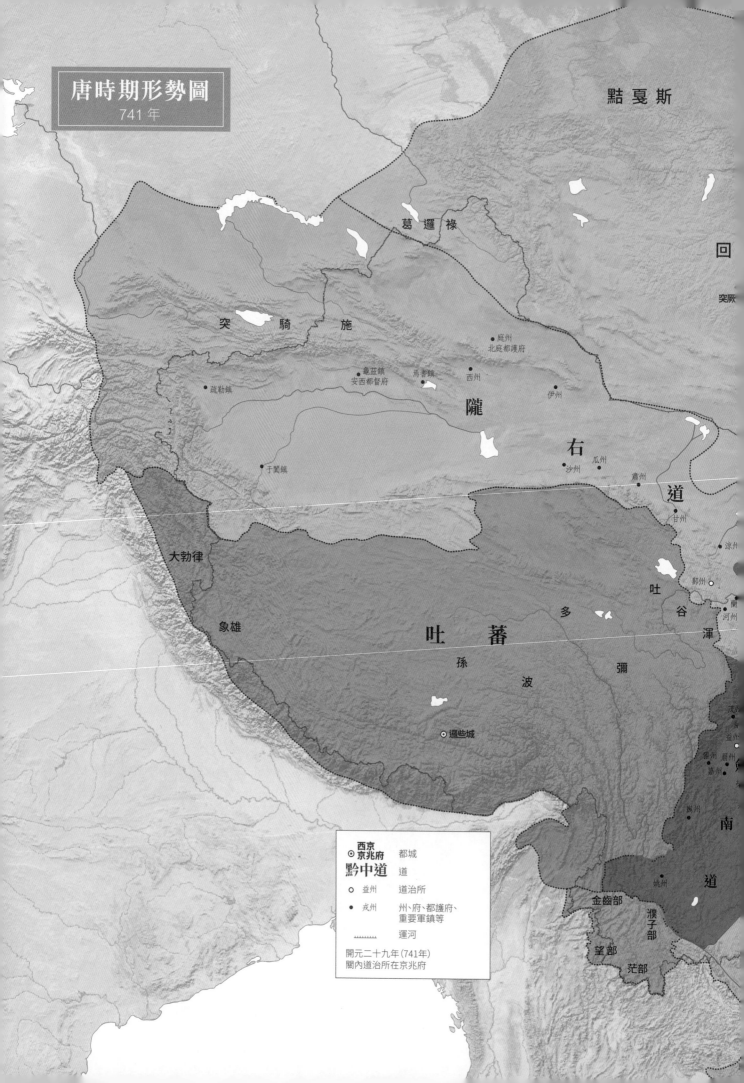

唐時期形勢圖
741 年

黠戛斯

回

突厥

葛邏祿

突　騎　施

庭州
北庭都護府

龜茲鎮　　焉耆鎮　　西州
安西都督府

疏勒鎮

隴

伊州

于闐鎮

右

瓜州
沙州

道

甘州

大勃律

涼州

鄯州

象雄

吐

蘭州
河州

吐谷渾

多

彌

蕃

孫

波

涼州

邏些城

劍州
益州

雅州
眉州

嘉州

瀘州

南

道

姚州

金齒部

濮子部

望部

茫部

⊙ **西京** **京兆府**	都城
黔中道	道
○ 益州	道治所
● 戎州	州、府、都護府、 重要軍鎮等
·········	運河

開元二十九年（741年）
關內道治所在京兆府

郡利靺鞨

窟說靺鞨

大室韋

思慕靺鞨

莫曳靺鞨

落坦室韋

西室韋

訥北支室韋

山北室韋

嶺西室韋

黑水府

鐵利靺鞨

虞婁靺鞨

烏羅護室韋

粟末靺鞨

渤海都督府

利

幹

僕

骨

霫

河

北

松漠都督府

營州

饒樂都督府

道

豐州

單于都護府

雲州

媯州

檀州

平州

薊州

安東都督府

關

內

道

勝州

朔州

蔚州

易州

莫州

瀛州

滄州

唐

夏州

銀州

嵐州

代州

忻州

定州

恒州

深州

貝州

德州

登州

萊州

河

東

道

石州

太原府

趙州

冀州

邢州

洺州

青州

淄州

齊州

海州

鹽州

慶州

經州

汾州

儀州

潞州

澤州

晉州

相州

衛州

魏州

博州

兗州

沂州

密州

延州

鄜州

京畿道

蒲州

陝州

絳州

河南府

鄭州

滑州

汴州

宋州

亳州

徐州

泗州

河

南

道

西京

京兆府

都

畿

道

岐州

許州

陳州

穎州

山

南

道

商州

鄧州

唐州

隋州

安州

光州

濠州

滁州

和州

揚州

潤州

常州

蘇州

江

南

金州

襄州

房州

郢州

蘄州

黃州

淮

南

道

洋州

夔州

復州

鄂州

沔州

江州

宣州

湖州

杭州

睦州

越州

明州

洪州

饒州

婺州

衢州

括州

溫州

南

東

道

通州

萬州

忠州

施州

澧州

岳州

朗州

江

南

西

道

撫州

吉州

信州

建州

福州

黔州

思州

溪州

辰州

潭州

衡州

永州

郴州

汀州

泉州

黔

中

道

費州

錦州

巫州

邵州

桂州

象州

賀州

連州

韶州

潮州

漳州

流

求

柳州

梧州

康州

廣州

循州

嶺

南

道

恩州

黃州

潘州

雷州

高州

容州

南恩州

南

海

道

儋州

崖州

振州

嶺南道

流求

交州

崖州

南海

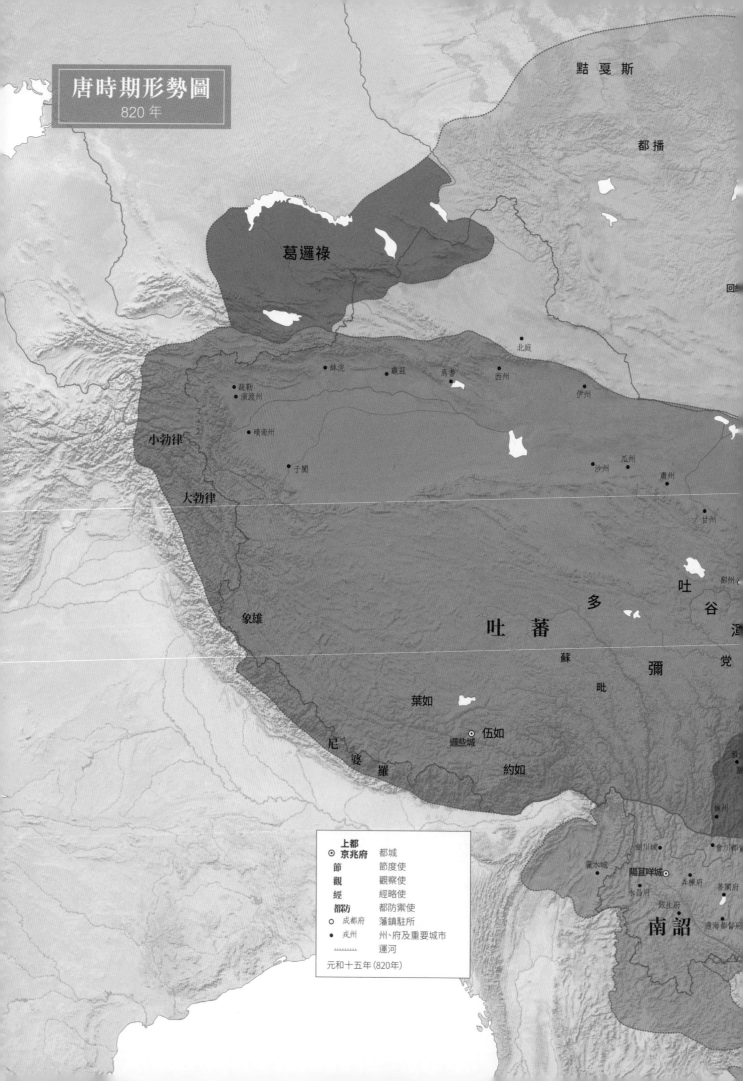

唐時期形勢圖
820 年

黠戛斯

都播

葛邏祿

北庭

鉢浣　龜茲　焉耆　西州

疏勒　　　　　　　　　伊州

演渡州

小勃律　磧南州

　　　于闐　　　　　　沙州　瓜州　肅州

大勃律

甘州

吐谷渾

多　　　　都州

象雄　　　　　　　　　吐　蕃　　　　　　彌　党

蘇毗

葉如

尼婆羅　　　邏些城　伍如

約如

劍川城

會川都

鐵橋城

陽苴咩城　弄棟府

善闡府

永昌府　銀生府

通海都督府

南詔

上都
京兆府　都城
節　　節度使
觀　　觀察使
經　　經略使
都防　都防禦使
成都府　藩鎮駐所
戎州　州、府及重要城市
　　　運河

元和十五年 (820年)

壹 煌煌大業

◎ 開基立業　◎ 職官制　◎ 科舉制
◎ 兵制

開基立業

隋文帝即位之初，"大崇惠政，法令清簡，躬履節儉，天下悅之"，對周邊各族採取軍事上防禦和政治上招撫相結合的政策，贏得了"區宇之內晏如也"的安定局面。開皇九年（589年），隋軍一舉平陳，統一南北，結束了西晉末年以來270年的分裂局面，建立了統一的王朝。隋文帝勵精圖治，開創了新的政治制度，在中央建立"三省六部"的政治體制；在地方，針對政區濫置、官員冗雜的"十羊九牧"現象，廢天下諸郡，推行州、縣二級制，減少行政支出。

其繼任者隋煬帝楊廣的一大功績便是開鑿大運河。這一工程在隋文帝時就已經初見端倪。當時都城長安雖位於肥沃的關中平原，但人多地狹，還需仰仗東部平原地區的糧食供給，而渭水這一天然水道常受泥沙淤積和季節性枯水的威脅，遂在漢代漕渠的基礎上修建了自長安東至潼關要地的廣通渠。隋煬帝時，遷都洛陽，修永濟渠、通濟渠、邗溝、江南河，完成了以洛陽為中心，北抵涿郡、南達餘杭的大運河，確保了中央政府對東部、南部地區的控制，客觀上加強了南北經濟文化的交流，大運河也成為中國古代經濟貿易的大動脈。但也因此耗費了大量的民力，加之三征高句麗而徵調賦役，進一步激化了社會矛盾，民怨載道，各地農民起義風起雲湧，吞噬着隋朝。

李淵在隋末農民起義的大潮中，暗自積蓄實力，於大業十三年（617年）起兵反隋，次年稱帝，國號為唐。唐軍先平定薛舉、李軌起義，解決東進的後顧之憂；又大敗劉武

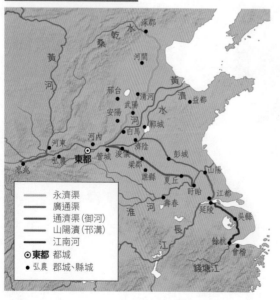

{ 隋朝大運河示意圖 }

{隋文帝像}

周，鞏固太原；之後鎮壓河北竇建德農民軍，攻取洛陽；最後攻下江陵蕭銑的割據勢力，鎮壓輔公祏起義，再次統一全國。

唐太宗李世民識人善用，謙虛納諫。對周邊民族實行懷柔政策，於其故地"全其部落，順其土俗"，建立羈縻府州制度，以各部的酋長為都督、刺史，仍按其原來的風俗習慣、社會制度治理。但對侵擾邊境或對朝廷有嚴重威脅者，唐王朝絕不姑息，先後興兵平高昌、滅東突厥、滅吐谷渾、敗薛延陀等，以保邊疆安定。

唐初還出現了中國歷史上唯一的女皇帝——武則天，她即位後，建國號為"周"，史稱"武周"。女皇武則天在位期間政治清明，經濟、社會持續發展，頗具"貞觀遺風"。在政治上她打擊王孫貴胄，削弱了貴族勢力，通過發展科舉制度，提拔了一批青年才俊，擴大了統治的基礎；經濟上重視農業生產，提出"建國之本，必在於農"；軍事上，設北庭都護府，與安西都護府分轄天山南北兩路，為邊疆的穩定和中外經濟、文化交流提供了保障。

{縴夫拉船圖}

在江河之中逆水行舟，縴夫必不可少。大運河貫通南北，航運亦少不了縴夫的作用

{唐"中書省之印"}

唐玄宗開元、天寶年間，再次出現盛世。玄宗重用姚崇、宋璟等賢才，裁汰冗官，興修水利，鼓勵農桑，改革兵制，抑制佛教泛濫。唐朝進入大發展、大繁榮的黃金時代。杜甫詩云："憶昔開元盛世日，小邑猶藏萬家室。稻米流脂粟米白，公私倉廩俱豐實。"

職官制

隋文帝廢除北周以《周禮》為藍本設立的六官制度，建立"三省六部"制。三省即中書省（隋代因避楊堅父親楊忠諱而稱內史省）、門下省、尚書省，長官皆稱作宰相，宰相於政事堂集體議事，避免了專權。三省分掌中樞政務，職責明確。中書省負責起草詔令，門下省負責審核詔令，如發現有不當之處，有權"封駁"，尚書省負責執行，其下設吏、戶、禮、兵、刑、工六部。各部均設有尚書一名，總管本部政務。"三省六部制"發軔於東漢，至唐代臻於完善。三省制直至明初始廢，六部在後世除名稱稍異外，其他基本沿襲不變。這一發展脈絡，順應了專制皇權之下，國家行政權力分化的趨勢。

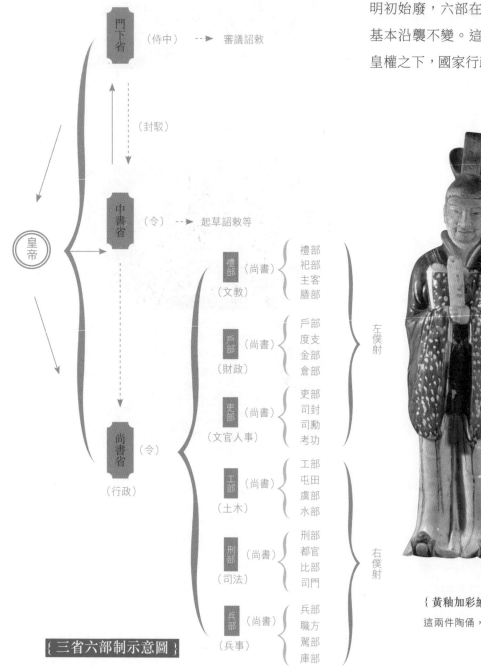

門下省（侍中） --→ 審議詔敕

（封駁）

皇帝

中書省（令） --→ 起草詔敕等

尚書省（令）

（行政）

禮部（尚書）（文教）｛禮部 祠部 主客 膳部

戶部（尚書）（財政）｛戶部 度支 金部 倉部

吏部（尚書）（文官人事）｛吏部 司封 司勳 考功

工部（尚書）（土木）｛工部 屯田 虞部 水部

刑部（尚書）（司法）｛刑部 都官 比部 司門

兵部（尚書）（兵事）｛兵部 職方 駕部 庫部

左僕射

右僕射

{ 三省六部制示意圖 }

{ 黃釉加彩繪貼金文官俑 / 彩繪文吏俑 }

這兩件陶俑，展示了唐代文官的官服形象

{ 唐長安皇城內衙署分佈 }

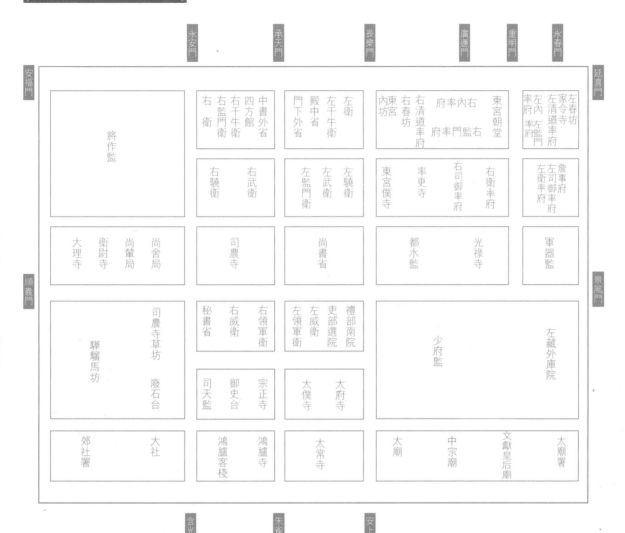

* 依照 "左祖右社" 的形制,太廟設在皇城的東南隅,大社設在皇城的西南隅,六省、九寺、五監、十六衛、東宮官署 "以坊里准之" 整齊排列。御史台掌刑憲典章之政令,司監察,以肅朝列。九寺:太常寺掌郊廟禮樂祭祀,光祿寺掌朝會宴享供設,衛尉寺掌儀仗兵器武庫,宗正寺掌天子族親屬籍,太僕寺掌廐牧車輿,鴻臚寺掌賓客凶儀之事,大理寺掌刑獄,太府寺掌財貨貿易物價,司農寺掌倉儲委積。五監:將作監掌土木營建,都水監掌水利航運橋樑,國子監掌學校,軍器監掌武器製造,少府監掌百工技巧。

BC 2100

BC 1900

BC 1700

BC 1500

BC 1300

BC 1100

BC 900

BC 700

BC 500

BC 300

BC 100

0

100

300

500

700

900

581—979

1100

1300

1500

1700

1900

唐前期官員的俸祿主要包括俸料、祿米、職田及人力等。俸料包括月俸錢（官員購買糧食之外的生活必需品）、食料（工作餐和個人生活）、雜用（自備工作所需用品）、課錢（代役錢）。京官的俸祿高於外官，唐中後期則相反。一般來說，官員的俸祿可保證官員一家衣食，白居易曾感歎道："今我何功德，曾不事農桑。吏祿三百石，歲晏有餘糧。"

隋唐時期頒佈了一系列的法律法規——"律令格式"來規範百官和民眾的行為，並針對社會上出現的新問題不斷調整相應的條款。隋開皇三年（583年）修訂的律令，"上採魏、晉刑典，下至梁、齊，沿革輕重，取其折衷"，後為唐宋所沿襲，在中國法律制度史上佔有重要地位。唐代先後在武德、貞觀、開元等年間修正律令，使得唐律在隋代的基礎上達到了新的高度，實現了國家管理的規範化。

{《開元公式令》殘卷}

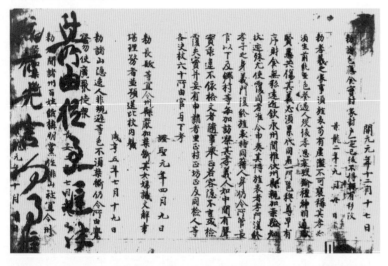

{天寶令式表}
表中清楚記載了當時各級中央官吏的俸祿與食邑

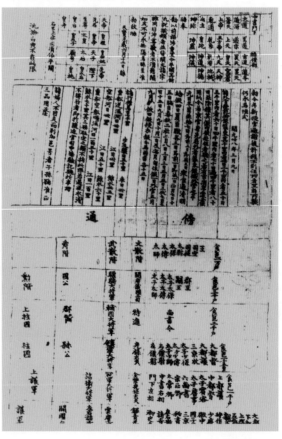

{敦煌壁畫中的死刑圖}
此壁畫是唐朝執行死刑的真實寫照

{ 唐開元二十四年 (736 年) 京官品級、朝服與俸祿 }

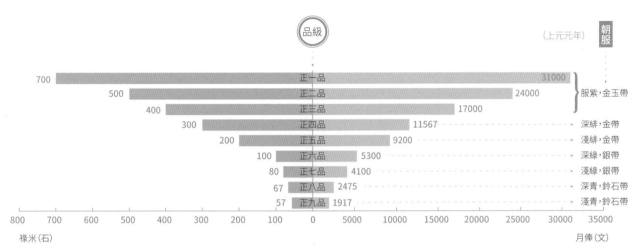

品級

（上元元年）　朝服

祿米(石)	品級	月俸(文)	朝服
700	正一品	31000	服紫,金玉帶
500	正二品	24000	服紫,金玉帶
400	正三品	17000	服紫,金玉帶
300	正四品	11567	深緋,金帶
200	正五品	9200	淺緋,金帶
100	正六品	5300	深綠,銀帶
80	正七品	4100	淺綠,銀帶
67	正八品	2475	深青,鈴石帶
57	正九品	1917	淺青,鈴石帶

800　700　600　500　400　300　200　100　0　5000　10000　15000　20000　25000　30000　35000

祿米(石)　　　　　　　　　　　　　　　　　　　　　　　月俸(文)

{ 唐 "律令格式" }

律　　　　　令　　　　　格　　　　　式

◇ 正刑定罪 ◇　　◇ 設範立制 ◇　　◇ 禁違止邪 ◇　　◇ 軌物程式 ◇　　　解釋

各種違法行為的懲罰條文　規章制度　　　對律的補充和變通條例　官府機構的章程細則　　內容舉例

名例律、衛禁律、職制律、　官品令、祠令、戶令、學　以尚書省二十四司為條　以官府名為其篇名,如《水
戶婚律、廐庫律、擅興律　令、選舉令、封爵令、祿　目,不同時期有所刪減。　部式》
(私藏兵器、專興賦役)、　令、考課令、衣服令、軍　如金部格、戶部格、刑部
賊盜律、鬥訟律、詐偽律、　防令、宮衛令、儀制令、　格等
雜律 (拾遺補闕)、捕亡　田令、賦役令、關市令、
律、斷獄律等　　　　　　醫疾令、假寧令等

{ 《唐律疏議》殘卷 }

現存最完整的唐代律令是《唐律疏議》,即永徽《律疏》,共
有 30 卷 12 篇 102 條,是唐代律文和疏議 (對律文的解釋)
的合編,唐高宗命長孫無忌、李勣等編撰而成,頒行於永徽
四年 (653 年),是後世法律的藍本。此為發現於敦煌的殘本

BC 2100
BC 1900
BC 1700
BC 1500
BC 1300
BC 1100
BC 900
BC 700
BC 500
BC 300
BC 100
0
100
300
500
700
900
581—979
1100
1300
1500
1700
1900

科舉制

三國兩晉南北朝時期，以"九品中正制"選官，致使選官之權被門閥士族所把持，流弊甚多。為扭轉這一頹勢，隋初開始分科舉士。隋文帝詔京官五品以上及總管、刺史，以志行修謹、清平幹濟二科舉人，是為科舉制的雛形。唐太宗增加了考試科目，有明經、進士、明法、明字、明算、道舉、童子等，其中以明經科和進士科為主要科目。進士科因其內容繁雜、靈活度高，比明經科難度更大，遂有"三十老明經，五十少進士"的說法。武則天時，增加科舉取士的人數，還首創了殿試和武舉。玄宗時，任用品階較高的官員主持考試，以後成為定制。科舉制把德才高下作為及第的條件，寒門子弟也有了可資憑藉的仕進之途，保證了社會各階層之間的流動，緩和了社會矛盾，鞏固了王朝統治的基礎。科舉制的創立在中國歷史上具有劃時代的意義，自此持續了 1300 多年，直到晚清才被廢除。

隋唐時期建立了相對完整的官學體系，

{ 明經科、進士科考試的方式 }

金榜題名

明經科

帖經
遮蓋所考經書的兩端，只露一行，裁紙為"帖"，遮住三個字或更多的字，讓考生寫出遮住之字

墨義
考官從經書裏提出問題，考生答出該句經文的註疏或上下文，檢驗考生對經文和註疏的熟練程度

進士科

時務策
開元二十五年（737年）之後，加試時務策三道。由考官就當時的政治、經濟、軍事等提出一些亟待解決的問題，讓考生發表書面意見

雜文
唐高宗時，加試雜文兩道。除了考詩賦外，還考箴、銘、表、讚等多種體裁

帖小經
唐高宗時，加試帖小經兩道

* 韓愈曾提出過這樣的策問："人之仰而生者在穀帛。穀帛既豐，無飢寒之患；然後可以行之於仁義之途，措之於安平之地，此愚智所同識也。今天下穀愈多而帛益賤，人愈困者，何也？耕者不多而穀有餘，蠶者不多而帛有餘。有餘宜足，而反不足，此其故又何也？將以救之，其說如何？"韓愈指出，按常理來說穀帛愈豐，社會愈富饒，無飢寒之憂，而到中唐時穀愈多，帛愈便宜，百姓生活反而更加困頓，要求考生分析原因並提出解決之法。此題考察考生的思辨能力以及對社會現狀和社會運作規律的分析思考。時務策僅靠死記硬背是很難有所建樹的。

入學資格、學科內容、修業年限等都有嚴格的規定。在中央有國子監直接管轄的國子學、太學、四門學、律學、書學、算學，及隸屬於門下省的弘文館和東宮的崇文館等，在地方各級單位也有相應規模的官學。由中央、地方官學選送到尚書省的應試者稱為生徒，不由官學學成，在州縣報考，經州縣考試合格後選送的考生稱為鄉貢。生徒、鄉貢是參加科舉考試的主要人員。

{ 學堂 }

這幅敦煌壁畫反映了唐代寺院設置的義學學堂。老師端坐屋內，庭院裏，助教正在體罰一名學生，廂房裏是張望的同學

{ "六學" 的學生及主要教員數量 }

中央

	博士	助教	學生
國子學	2	2	300
太 學	3	3	500
四門學	3	3	1300
律 學	1	1	50
書 學	2	0	30
算 學	2	0	30

■ 博士
■ 助教
■ 學生

主要教員數量
單位：人

學生數量
單位：人

地方 { 地方官學的學生及主要教員數量 }

	學生
京都學	80
大都督府學	60
中都督府學	60
下都督學府	50
上州學	60
中州學	50
下州學	40
京縣學	50
上縣學	40
中縣學	35
下縣學	20

■ 博士
■ 助教
■ 學生

主要教員數量
單位：人

學生數量
單位：人

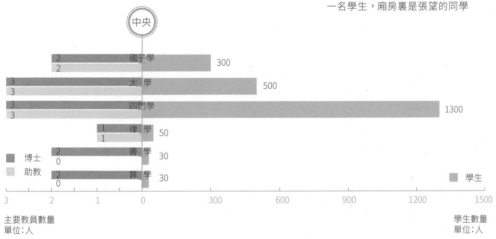

{ 雁塔進士題名墨跡 }

範盧同元和九年十一月廿日前進士李景前進士韋前進士韋磻

581—979

文化的繁榮以及科舉考試的產生和發展，刺激了廣大民眾對書籍的需求，這就推動了印刷術的出現，印刷相比之前的手抄，更為便利、快捷、標準。唐末在長安、洛陽、揚州、益州等地出現了雕版印刷的作坊。

{ 雕版印刷的金剛經（局部）}

1900 年發現於敦煌石窟，卷末題"咸通九年四月十五日"，即公元 868 年。這是全世界最早的有出版日期的印刷品

{《陀羅尼經咒》刻印本 }

出土於西安西郊唐代墓葬，刻印於初唐至盛唐時期

{ 雕版印刷的回鶻文《彌勒經》經文 }

出土於西安西郊唐代墓葬，刻印於初唐至盛唐時期

{ 雕版印刷流程 }

以細紋理木材製成乾木板

依照版式規格將文字寫於薄紙上

} →

將寫好文字的紙貼於乾木板上

校正寫樣

} --→ 雕刻成反體凸字 --→

準備紙張

印刷

} 將印頁裝訂成冊 --→ 成品

* 雕版印刷的原理：將需印刷的文字或圖像，書寫（畫）於薄紙上，再反貼於木板表面，由刻版工匠雕刻成反體凸字，即成版。印刷時先在印版表面刷墨，再將紙張覆於印版，用乾淨刷子均勻刷過，揭起紙張後，印版上的圖文就清晰地轉印到紙張上，從而完成一次印刷。

{塗金彩繪甲馬群}

人馬俱披金甲的騎兵，盡顯大唐騎兵雄風

兵制

　　隋唐兵制沿襲了南北朝的府兵制，府兵需有尚書省兵部的兵符才能調撥，皇帝命將領率兵出戰，戰爭結束後，將領回朝，兵卒歸府，防止將領擁兵自重。府兵戶籍改屬州縣，不再單設軍戶，實現府兵制與均田制的結合，兵農合一，自給自足，減少了國家財政支出，同時穩定了府兵隊伍，增強了府兵的戰鬥力。唐代軍府稱"折衝府"，數量最多時達 633 個，分別隸屬於十二衛和東宮六

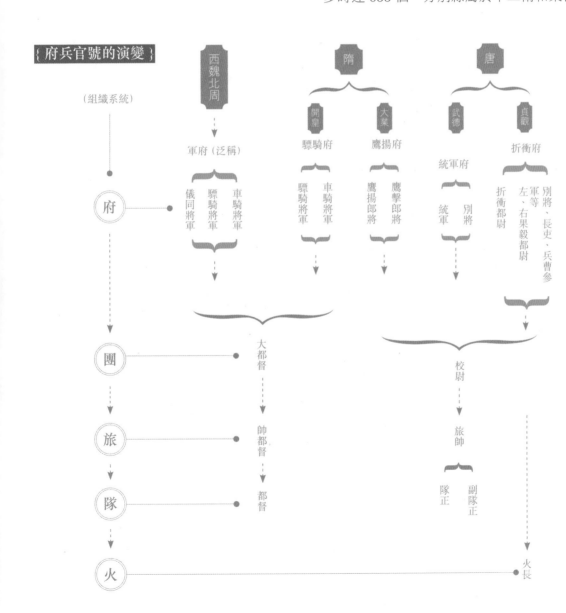

{府兵官號的演變}

(組織系統)

西魏北周　隋　唐

　　　　　　　開皇　大業　　武德　貞觀

軍府（泛稱）　驃騎府　鷹揚府　　折衝府

府 — 儀同將軍・驃騎將軍・車騎將軍　驃騎將軍・車騎將軍　鷹揚郎將・鷹擊郎將　統軍府 — 統軍・別將　折衝都尉・左、右果毅都尉・軍等・別將、長吏、兵曹參

團 — 大都督　　　　　　　　　　　　　校尉

旅 — 帥都督　　　　　　　　　　　　　旅帥

隊 — 都督　　　　　　　　　　　　　　隊正・副隊正

火 — 　　　　　　　　　　　　　　　　火長

BC 2100

BC 1900

BC 1700

BC 1500

BC 1300

BC 1100

BC 900

BC 700

BC 500

BC 300

BC 100

0

100

300

500

700

900

581—979

1100

1300

1500

1700

1900

{ 唐代府兵制編制 }

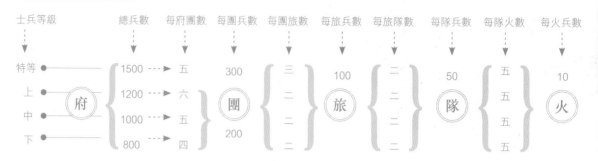

| 士兵等級 | 總兵數 | 每府團數 | 每團兵數 | 每團旅數 | 每旅兵數 | 每旅隊數 | 每隊兵數 | 每隊火數 | 每火兵數 |

特等 ●
上 ●
中 ●
下 ●

府

1500 → 五
1200 → 六
1000 → 五
800 → 四

團

300

200

旅 三 三 二

100

隊 二 二 二

50

火 五 五 五 五

10

* 至唐，府兵的編制完全制度化。一般府的等第之別在於團數的不同，而特等府與一般府在每團人數上有所區別，團和旅在作戰時，按平時編制予以調度。隊和火的編制平時與戰時保持不變，每隊 50 人，每火 10 人。

兵種：越騎為十分之一，步兵佔十分之九

{ 唐代折衝府分佈示意圖 }

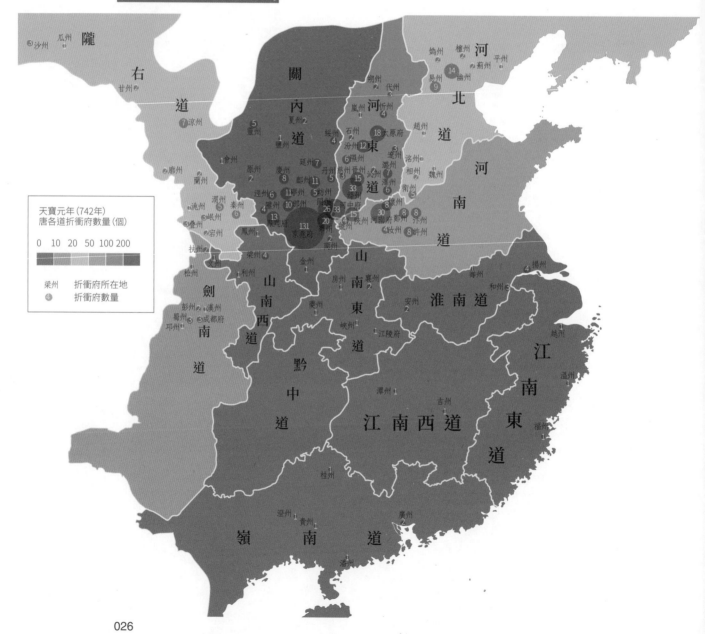

天寶元年 (742年) 唐各道折衝府數量(個)

0 10 20 50 100 200

梁州 折衝府所在地
④ 折衝府數量

率，主要分佈於京師附近的關內、河東、河南等道，體現了唐初"舉關中之眾，以臨四方"的軍事部署原則。

以府兵制為後盾，有效保障了唐初中原王朝與周邊民族和國家戰爭的勝利，奠定了遼闊疆域的基礎。貞觀八年（634年），唐軍大敗吐谷渾，解除了其對河西各州的威脅。貞觀十二年（638年），為疏通陸上絲綢之路，唐太宗派侯君集遠征高昌，重新控制了西域，又建安西四鎮。在唐太宗之後，邊疆形勢轉為戰略防禦，無數的軍鎮建立在連綿的邊境上，每鎮由幾百人構成，由地方官府節制。

{彩繪貼金武官俑／胡人將軍俑}

唐代軍隊胡漢並用，湧現出不少蕃將，比如李光弼、哥舒翰、高仙芝、安祿山、史思明等等

{唐代府兵名將及其戰功}

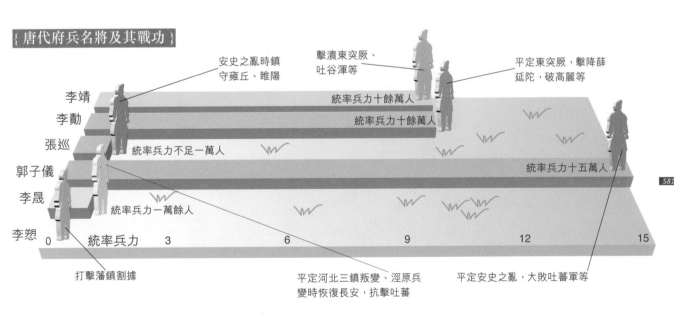

李靖
李勣
張巡
郭子儀
李晟
李愬

安史之亂時鎮守雍丘、睢陽
擊潰東突厥、吐谷渾等
平定東突厥，擊降薛延陀，破高麗等

統率兵力十餘萬人
統率兵力十餘萬人
統率兵力不足一萬人
統率兵力十五萬人
統率兵力一萬餘人

統率兵力　0　　3　　6　　9　　12　　15

打擊藩鎮割據
平定河北三鎮叛變、涇原兵變時恢復長安，抗擊吐蕃
平定安史之亂，大敗吐蕃軍等

BC 2100
BC 1900
BC 1700
BC 1500
BC 1300
BC 1100
BC 900
BC 700
BC 500
BC 300
BC 100
0
100
300
500
700
900
581—979
1100
1300
1500
1700
1900

從唐高宗時起，府兵即因更番不按時、負擔過重而逃避兵役。玄宗開元年間，府兵須由政府撥給資糧和兵器，由將領招募士兵，隨着均田制的瓦解，府兵制名存實亡。

中原地區的軍事威脅主要來自吐蕃、西突厥、奚、契丹等處於遊牧與半遊牧狀態下的少數民族，而除吐蕃外，他們的目的是快速地劫掠而非長久佔領疆土，因此他們會派大部精兵快速突擊。府兵制下，兵力集中於中央，邊境地區無法獨立抗衡，就需要中央政府臨時調兵集結軍隊。如進行周密的反攻或是大規模的討伐，此舉尚可游刃有餘，但應對邊境地區較為頻繁的小規模作戰，則顯得遲滯。手握重兵的節度使應運而生，形成了指揮靈活、反應快速、規模龐大的邊兵。自睿宗時起，開始設立節度使。到天寶年間，從西北到東北，共設立了9個節度使，所節制的邊兵數量也日益增多，甚至比關中地區多出約6倍，形成了"外重內輕"的格局（另有嶺南五府經略使，駐廣州，目的是綏靖夷僚）。

{ 唐玄宗時期的邊境節度使 }

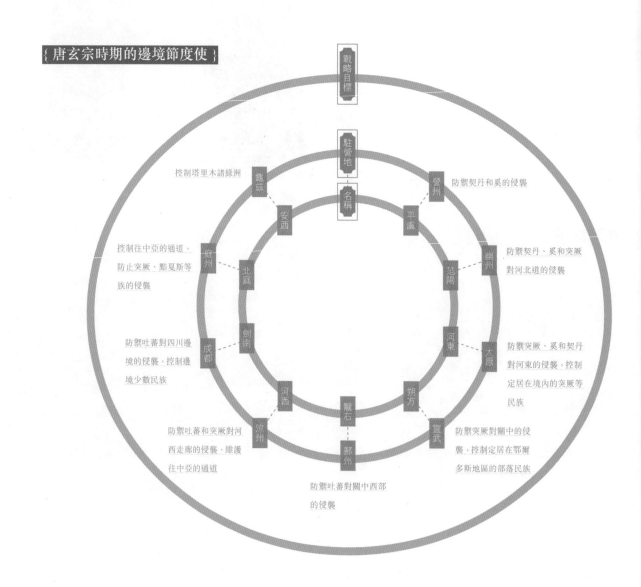

戰略目標

駐營地

名稱

控制塔里木諸綠洲　龜茲　安西

控制往中亞的通道，防止突厥、黠戛斯等族的侵襲　瀚州　北庭

防禦吐蕃對四川邊境的侵襲，控制邊境少數民族　成都　劍南

防禦吐蕃和突厥對河西走廊的侵襲，維護往中亞的通道　涼州　河西

防禦吐蕃對關中西部的侵襲　鄯州　隴右

防禦契丹和奚的侵襲　營州　平盧

防禦契丹、奚和突厥對河北道的侵襲　幽州　范陽

防禦突厥、奚和契丹對河東的侵襲，控制定居在境內的突厥等民族　大原　河東

防禦突厥對關中的侵襲，控制定居在鄂爾多斯地區的部落民族　靈武　朔方

BC 2100

BC 1900

BC 1700

BC 1500

BC 1300

BC 1100

BC 900

BC 700

BC 500

BC 300

BC 100

0

100

300

500

700

900

581—979

1100

1300

1500

1700

1900

貳 憶昔全盛日

◎ 倉儲豐實　◎ 都會繁興　◎ 朝氣蓬勃

倉儲豐實

隋代在洛陽城北置回洛倉，倉城周長 10 里，有 300 個大窖，每窖藏穀約 8000 石。洛陽含嘉倉始建於隋，至唐天寶八年（749 年）已成為儲糧 580 萬石的大倉。同年，全國僅大型糧倉儲量就有 1265 萬石。運輸如此巨量的糧食並非易事。據相關記載，從含嘉倉至陝縣太原倉就有 8 個遞場，兩遞場之間的距離為 40 里，每遞用車 800 乘，100 萬石糧食約需兩個月才能運完。

粟是這一時期人們所食的主糧，也是作為賦稅上繳的主要實物。20 世紀 70 年代，

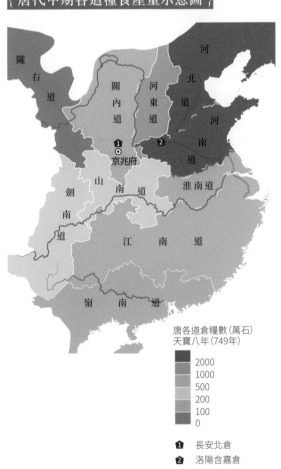

{ 唐代中期各道糧食產量示意圖 }

唐各道倉糧數（萬石）
天寶八年 (749年)

2000
1000
500
200
100
0

❶ 長安北倉
❷ 洛陽含嘉倉

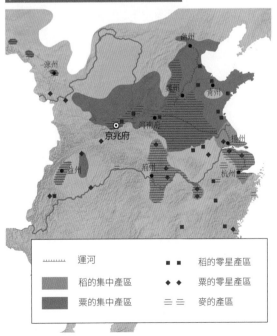

{ 唐代主要糧食產區示意圖 }

	運河		稻的零星產區
稻的集中產區			粟的零星產區
粟的集中產區			麥的產區

考古學工作者在"含嘉倉窖 160" 遺址發現了約 50 萬斤已經炭化的穀子（沒去殼的粟）。僅次於粟的糧食是麥子，隨着粟與麥兩年三熟的輪作複種制推廣開來，種植面積擴大，產量增長迅猛。得益於生產技術的進步和水稻品種的多樣，稻米的產量也在穩步增長。

早在漢魏時代，人們就已經開始飲茶，唐代陸羽的《茶經》為現存最早的有關茶葉的著作，將普通茶事昇華為一種文化，飲茶之風廣泛流行開來。隨着茶葉貿易的繁盛，唐中後期，茶葉開始作為一種商品納稅。浮梁縣是唐代茶葉的重要集散地，"每歲出茶七百萬馱，稅十五萬貫"。產量之大，茶稅之巨，可見當時茶葉貿易之盛。白居易在《琵琶行》中曾提到"商人重利輕別離，前月浮梁買茶去"。

{ 唐天寶八年（749 年）各色米糧總數 }

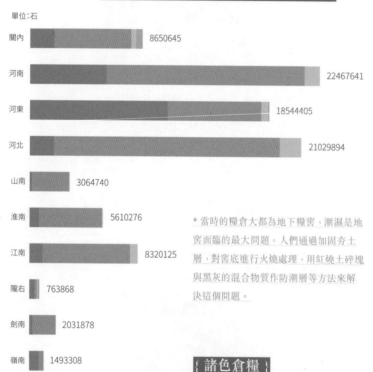

單位：石

關內 8650645
河南 22467641
河東 18544405
河北 21029894
山南 3064740
淮南 5610276
江南 8320125
隴右 763868
劍南 2031878
嶺南 1493308

* 當時的糧倉大都為地下糧窖，潮濕是地窖面臨的最大問題。人們通過加固夯土層，對窖底進行火燒處理，用紅燒土碎塊與黑灰的混合物質作防潮層等方法來解決這個問題。

{ 含嘉倉儲糧主要來源示意圖 }

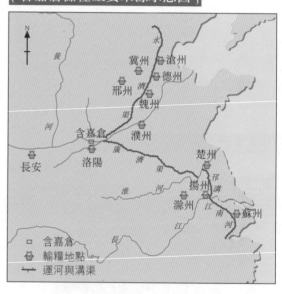

含嘉倉
輸糧地點
運河與溝渠

{ 諸色倉糧 }

正倉糧　各州縣倉廩中的糧食，主要來源於農民所繳納的租賦，用於官員俸祿、地方支出、補給軍餉等

義倉糧　地方政府為備荒救災而儲藏的糧食，隋初是自願納糧，唐時變為強制性徵收

常平倉糧　為平抑物價而儲藏的糧食，賤則加價收購，貴則減價賣出，也用於災荒救助

和糶糧　政府以高於市場價所收購的糧食。唐貞觀、開元農業豐收時，加價向農民購買糧食，以防止穀賤傷民

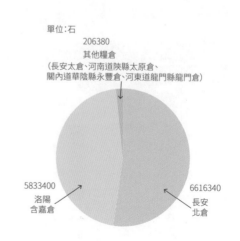

單位：石

206380
其他糧倉
（長安太倉、河南道陝縣太原倉、關內道華陰縣永豐倉、河東道龍門縣龍門倉）

5833400
洛陽
含嘉倉

6616340
長安
北倉

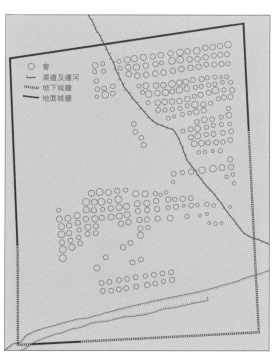

{含嘉倉糧窖分佈圖}

含嘉倉四面有城牆環繞，總面積 43 萬平米，有 400 餘個糧窖。據天寶八年統計，當時含嘉倉儲糧約佔全國儲量的一半

{含嘉倉銘磚}

含嘉倉管理制度嚴格，每個倉窖的位置、負責官吏等資料都記錄在案

{唐朝的製茶工序}

採	晴天採茶
蒸	放在甑釜中加熱，使鮮葉萎凋失去部分水分
搗	將蒸過的茶葉用杵臼搗碎
拍	將茶葉拍製成團餅
焙、串	將團餅烤乾串起來
封	封存起來以備飲用

{唐代茶葉產地示意圖}

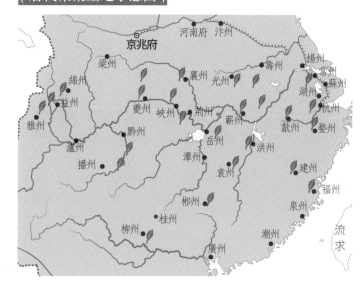

⊙京兆府 都城　　●袁州 城市

┈┈┈ 運河　　🍃 主要茶葉產區

{烹茶圖}

BC 2100
BC 1900
BC 1700
BC 1500
BC 1300
BC 1100
BC 900
BC 700
BC 500
BC 300
BC 100
0
100
300
500
700
900
581—979
1100
1300
1500
1700
1900

{唐代茶藝流程}

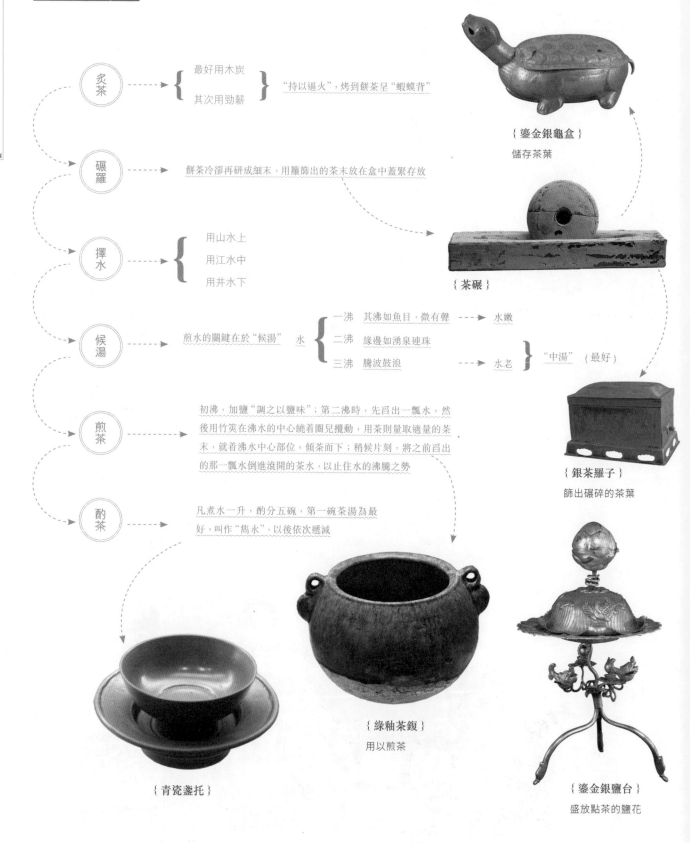

炙茶 ┈┈➤ { 最好用木炭 / 其次用勁薪 } "持以逼火"，烤到餅茶呈"蝦蟆背"

碾羅 ┈┈➤ 餅茶冷卻再研成細末，用籮篩出的茶末放在盒中蓋緊存放

{鎏金銀龜盒}
儲存茶葉

擇水 ┈┈➤ { 用山水上 / 用江水中 / 用井水下 }

{茶碾}

候湯 ┈┈➤ 煎水的關鍵在於"候湯" 水 { 一沸 其沸如魚目，微有聲 ┈➤ 水嫩 / 二沸 緣邊如湧泉連珠 / 三沸 騰波鼓浪 ┈➤ 水老 } "中湯" （最好）

煎茶 ┈┈➤ 初沸，加鹽"調之以鹽味"；第二沸時，先舀出一瓢水，然後用竹筴在沸水的中心繞着圈兒攪動，用茶則量取適量的茶末，就着沸水中心部位，傾茶而下；稍候片刻，將之前舀出的那一瓢水倒進滾開的茶水，以止住水的沸騰之勢

{銀茶羅子}
篩出碾碎的茶葉

酌茶 ┈┈➤ 凡煮水一升，酌分五碗，第一碗茶湯為最好，叫作"雋永"，以後依次遞減

{綠釉茶鍑}
用以煎茶

{青瓷盞托}

{鎏金銀鹽台}
盛放點茶的鹽花

水利是農業的命脈。唐朝重視水利建設，在工部設水部郎中和員外郎專管全國航運、灌溉，並頒佈水利管理法規——《水部式》。相比前代，唐代南方水利設施的數量增長十分顯著。

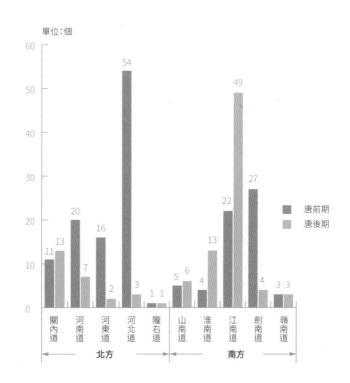

單位：個

（唐前期 / 唐後期）

關內道 11 13
河南道 20 7
河東道 16 2
河北道 54 3
隴右道 1 1
山南道 5 6
淮南道 4 13
江南道 22 49
劍南道 27 4
嶺南道 3 3

北方　南方

{ 高轉筒車模型 }

筒車是從低處向高處引水的工具，高轉筒車則是筒車與翻車的結合體，用水力、畜力或人力驅動，保障了江河兩岸農田的灌溉。

{ 三白渠示意圖 }

蠡水　石川水　清水　太白渠　涇陽　中白渠　南白渠　偶南渠　高陵　櫟陽　渭水

* 唐前期，關中地區最重要的水利設施仍是修建於秦漢時期的鄭白渠，只是這一時期的鄭國渠逐漸廢棄，發揮最大效用的是白渠。白渠進而分出三條幹渠，即太白渠、中白渠和南白渠，又稱三白渠，灌溉範圍主要分佈於石川河以西。其由京兆少尹直轄，定有管理制度，維修頻繁，有唐一代平均不到 30 年就有一次大整修

{ 它山堰示意圖 }

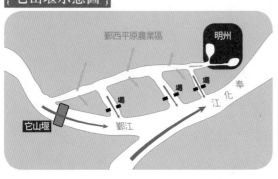

鄞西平原農業區　明州　奉化江　它山堰　鄞江

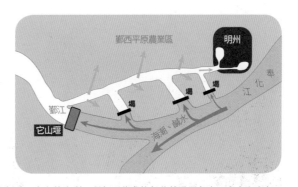

鄞西平原農業區　明州　奉化江　它山堰　鄞江　海潮、鹹水

* 安史之亂之後，人口南遷，給南方的開發帶去了大量的生產技術和經驗，南方的水利工程如雨後春筍般蓬勃發展起來。唐大和七年（833 年）明州鄞縣（今寧波市）修成它山堰，截口斷流，不但可灌溉附近七鄉之田，還阻擋了海潮／鹹水內侵。此堰經過歷代的修葺，至今仍在發揮着作用

BC 2100
BC 1900
BC 1700
BC 1500
BC 1300
BC 1100
BC 900
BC 700
BC 500
BC 300
BC 100
0
100
300
500
700
900
581—979
1100
1300
1500
1700
1900

{ 唐開元《水部式》敦煌殘卷 }

這是唐代的水利管理法規

充足的食物供應推動了人口的增長。據文獻記載，唐代極盛時期的人口達到了5000萬餘，但考慮到戶籍的隱漏及邊疆民族人口未予統計，全國人口應在8000萬左右。在當時的生產力水平和科技條件下，這個數目是相當驚人的。

{ 敦煌壁畫《收穫圖》}

{ 曲轅犁示意圖 }

曲轅犁的犁鑱和犁壁為鐵製，其餘部分木製。有效減少耕地阻力，提高勞動效率

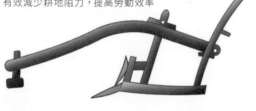

{ 敦煌壁畫《雨中耕作圖》}

{唐代天寶年間（742—756 年）人口分佈示意圖}

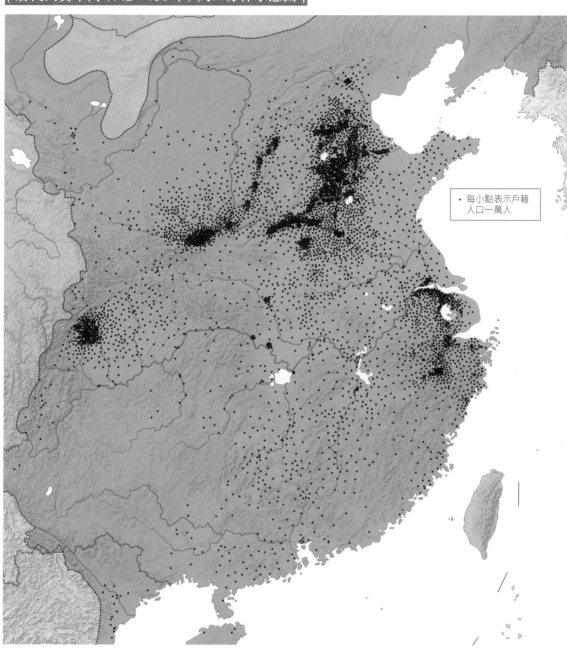

- 每小點表示戶籍
  人口一萬人

BC 2100
BC 1900
BC 1700
BC 1500
BC 1300
BC 1100
BC 900
BC 700
BC 500
BC 300
BC 100
0
100
300
500
700
900

581—979

1100
1300
1500
1700
1900

{唐代人口信息}

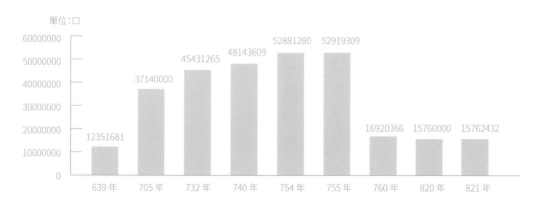

單位：口

12351681	37140000	45431265	48143609	52881280	52919309	16920366	15760000	15762432
639 年	705 年	732 年	740 年	754 年	755 年	760 年	820 年	821 年

都會繁興

　　隋唐放棄了漢晉以來的長安城舊址，在龍首原上新建長安城。隋唐長安城東西長9721米，南北寬8651米，城牆範圍內的面積達到了83平方千米，沿着南北向的中軸線將宮城、皇城置於最高位置。隋唐長安城規模宏大、佈局嚴密，是當時世界上最大的都城。後世都城基本沿襲長安的形制，從而奠定了古代都城的佈局。

　　隋唐長安城對周邊部族政權和國家的城市結構也影響深遠，渤海國的上京龍泉府、日本的平城京均仿其建造，日本平城京甚至將朱雀門、朱雀大街這樣的地名也一併採用。

{ 都城佈局變化 }

安陽殷墟遺址	有城無郭，宮城就是都城，居民區、手工業作坊均分佈在城外
漢代長安城	城郭相連，宮殿與衙署、居民區交錯分佈，城牆內民眾少，市場在城外，坐西朝東
曹魏鄴城	坐北朝南，有南北向的中軸線貫通。宮殿開始集中分佈在城的北部，形成單一的宮城，中央衙署分佈在宮城前面，居民區分佈在最外側
隋唐長安城	在曹魏鄴城的基礎上，在中央衙署之外又築城牆，多了皇城，形成了在都城建造佈局上的宮城、皇城、外郭城的規制

{ 不同時期西安城的相對位置關係圖 }

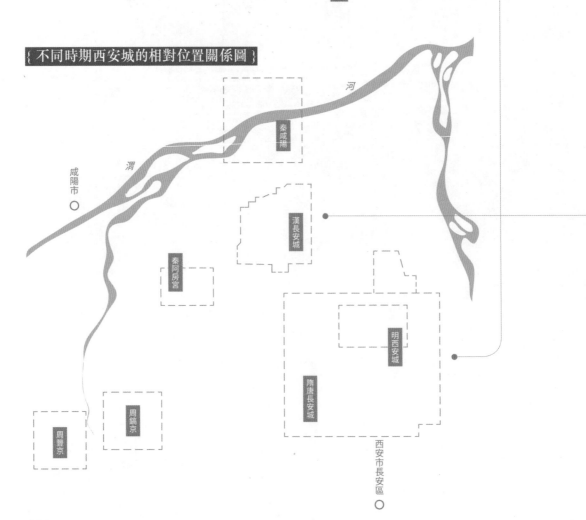

{ 唐長安城平面圖 }

隋唐時期仍遵循漢以來的"市里分區"，商業貿易主要集中在"市"進行。以長安城為例，25條縱橫交錯的大街將長安城劃分為108坊和東、西兩市，作為居民區的"坊"和作為交易場所的"市"互不相通，分區明確、整齊劃一。俯觀之，果如詩中所寫："千百家似圍棋局，十二街如種菜畦"。城東北居住的是皇親貴族、達官貴人，平民則居住在城南面。每坊設"坊正"，以鐘聲為準，定時啟閉坊門。唐都長安外商雲集，它像一個櫥窗向世界展示着大唐風采，亦向大唐傳遞着外來的文化。

東市和西市是長安城的商業和手工業中心，兩市見於記載的行業和店舖有：鐵行、肉行、筆行、鞦轡行、藥行、秤行、絹行、麩行、魚店、酒肆、帛肆、衣肆、寄附舖、波斯邸等。據學者推算，東市約有73000間店舖，高宗龍朔年間以後，西市比東市還繁盛些。長安城有着嚴格的組織和管理，市中心設有市署和平準局管理市場，貿易時間從中午開始，日落前散市。但唐後期隨着商品經濟的發展，在貿易較為發達的城市已出現夜市，"夜市千燈照碧雲"描寫的就是揚州夜市繁榮的景象。五代時期的洛陽已允許臨街設市，這對之後的城市結構發展影響很大。

得益於大運河便利的水運條件，在其沿線逐步興起了一批市鎮，以"揚一益二"為

唐代住宅等級規定表

品官	正房	門屋
一、二、三品	五間九架	五間五架
四、五品	五間七架	三間兩架
六、七品	三間五架	一間兩架
庶人	三間四架	一間兩架

{ 三彩宅院模型 }

這是典型的唐代民居。由門、前房、後房及左右對稱的三間房屋組成，院子裏還有狗、雞、鴨、豬等畜禽

{ 西市 }

西市是長安城兩個商貿中心之一，在皇城西南面，佔兩坊面積，胡商多匯集於此

典型代表。揚州因其位於大運河與長江的交匯處，"當南北大衝"而"百貨所集"。自揚州沿長江溯流而上可達益州，時在益州治所成都的杜甫曾寫到"門泊東吳萬里船"。益州

憑藉廣闊的經濟腹地，輻射帶動周邊商業貿易的發展。這些新興城市不同於長安、洛陽的以政治中心為主的功能定位，而是在經濟功能上表現得較為強大。

{ 日本平城京平面圖 }

① 第一次朝堂院
② 第二次朝堂院
③ 西宮
④ 內里
⑤ 法華寺
⑥ 海龍王寺
⑦ 東大寺
⑧ 興福寺
⑨ 元興寺
⑩ 大安寺
⑪ 東市
⑫ 西市
⑬ 藥師寺
⑭ 唐招提寺
⑮ 菅原寺
⑯ 西大寺
⑰ 西隆寺

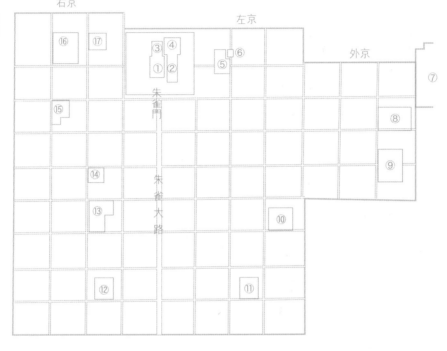

{ 敦煌壁畫中的肉坊 }
壁畫表現的是絲路要衝西州（位於今新疆地區）的一處肉坊，主人正在操刀割肉

BC 2100

BC 1900

BC 1700

BC 1500

BC 1300

BC 1100

BC 900

BC 700

BC 500

BC 300

BC 100

0

100

300

500

700

900

581—979

1100

1300

1500

1700

1900

隨唐時期的陸上交通也很發達，據史料記載，全國有官驛 1639 所，其中水驛 260 所，陸驛 1297 所，另外還有水陸相兼驛，四通八達的驛路把各地緊密地聯繫起來。

交通的便利促進了以手工業為基礎的商業貿易的發展。傳統的絲織業、造紙業、陶瓷業等手工業依托於本地農業產品、礦產等資源發展起來。絲綢品種繁多，印染技術有了新的提高，傳統的瓷器燒製也有了新的發展。現存的隨唐時期的相關文物展現了當時的工藝水平。

商業的發展促進了貨幣流通。唐初沿襲隨的五銖錢，武德年間整治市場，開鑄"開元通寶"，每十錢重一兩。據《通典》記載，"天寶年間，各州共設爐九十九個，一年鑄錢

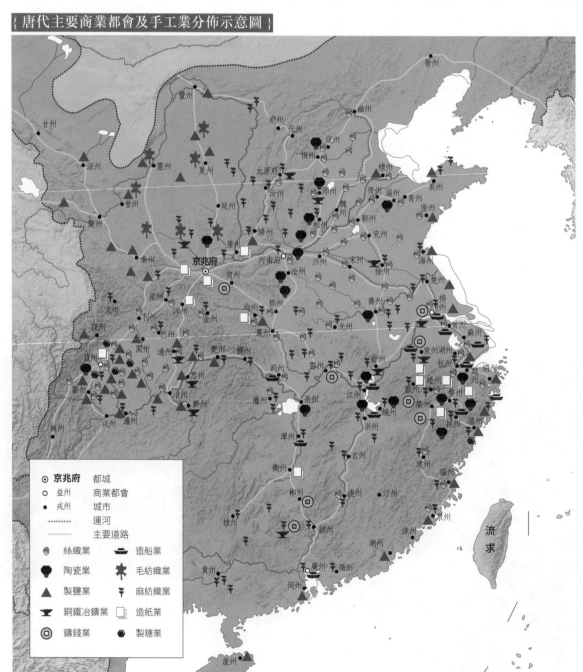

{ 唐代主要商業都會及手工業分佈示意圖 }

◎ 京兆府　都城
○ 益州　商業都會
• 戎州　城市
┅┅┅　運河
───　主要道路

🐚 絲織業　　　🛶 造船業
♣ 陶瓷業　　　❄ 毛紡織業
▲ 製鹽業　　　⚘ 麻紡織業
⚱ 銅鐵冶鑄業　▢ 造紙業
◉ 鑄錢業　　　⬡ 製糖業

三十二萬七千餘貫"。通過貨幣鑄造量之大，可見當時經濟的發展。

　　商業的流動性大，可銅錢過重攜帶不便，於是出現了寄儲錢幣的櫃坊。唐憲宗時期還出現了"飛錢"，它實際上只是一種匯兌業務，本身不介入流通，不行使貨幣的職能。商業的繁榮催生了新生事物，反過來又促進了商業的進一步發展。

{ 開元通寶 }

{ 褐釉猴柄杯 }
除了青瓷和白瓷外，釉色瓷器也是唐代的特色瓷器之一

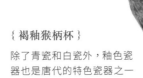

{ 菱花神獸鳳鳥紋銅鏡 }
這是揚州製作的銅鏡，不論紋飾還是造型，都譽滿全國

{ 鎏金葉形銀盤 }
隨着採礦業的發展，各種精美的金銀器在唐代也很常見

{ 煙色底狩獵紋印花絹 }
這是出土的唐代紡織品殘片，紋樣有明顯的西域風格

{ 邢窯白瓷罐 }
唐代瓷器，形成了南青北白的特色，邢窯白瓷和越窯青瓷交相輝映

{ 三彩陶仕女俑 }
三彩陶器在唐代主要是明器（陪葬品），但工藝精美，充分體現了唐代陶器製造業的水平

BC 2100
BC 1900
BC 1700
BC 1500
BC 1300
BC 1100
BC 900
BC 700
BC 500
BC 300
BC 100
0
100
300
500
700
900
581—979
1100
1300
1500
1700
1900

朝氣蓬勃

　　唐代是一個詩意的時期、詩歌的國度，唐詩是中國文學史上的輝煌成就。流傳至今的唐詩有近 5 萬首，題材豐富多樣，包羅萬象；詩人達 2200 餘人，上至王孫貴族，下至鄉村野老。"初唐四傑"（楊炯、盧照鄰、駱賓王、王勃）的作品氣象萬千，雄渾博大。盛唐詩歌題材廣泛，流派眾多。詩仙李白豪放灑脫，雄渾奔放；詩聖杜甫沉鬱頓挫，思想深厚；他們的詩雄視千古，為一代之冠。詩人們以飽滿的熱情、宏放的筆觸，描繪出

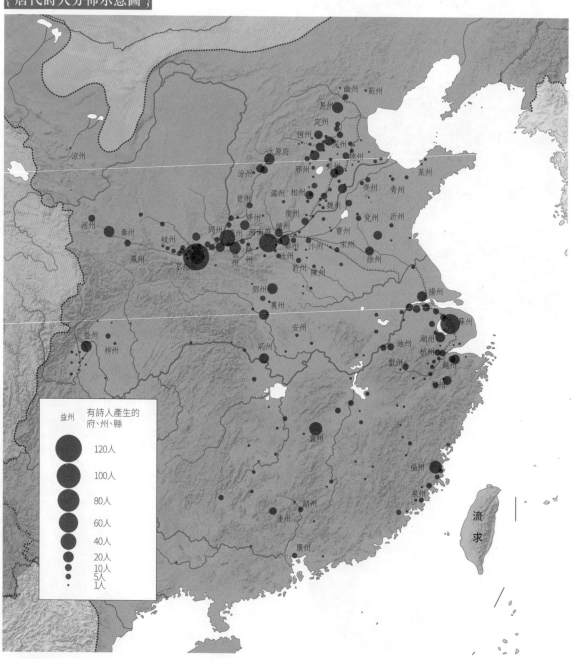

{ 唐代詩人分佈示意圖 }

益州　有詩人產生的府、州、縣

- 120人
- 100人
- 80人
- 60人
- 40人
- 20人
- 10人
- 5人
- 1人

《風》 李嶠

解落三秋葉，
能開二月花。
過江千尺浪，
入竹萬竿斜。

《少年行》 王維

新豐美酒斗十千，
咸陽遊俠多少年。
相逢意氣為君飲，
繫馬高樓垂柳邊。

《峨眉山月歌》 李白

峨眉山月半輪秋，
影入平羌江水流。
夜發清溪向三峽，
思君不見下渝州。

《逢雪宿芙蓉山》 劉長卿

日暮蒼山遠，
天寒白屋貧。
柴門聞犬吠，
風雪夜歸人。

＊圖出自明代《唐詩畫譜》。

043

581－979

壯闊的境界。書法家們揮毫落下的作品也有氣吞山河的豪邁，張旭的草書"揮毫落紙如雲煙"，懷素的狂草"天下稱獨步"，以"顏筋柳骨"為代表的書法藝術蒼勁有力，正是國家強盛、文化繁榮的一種映射。

{唐韓幹《照夜白圖》卷}

韓幹是唐玄宗時期著名畫家，"照夜白"是唐玄宗的坐騎。畫面中馬匹昂首嘶鳴、桀驁雄健的氣勢，也正是盛唐氣象的一種體現

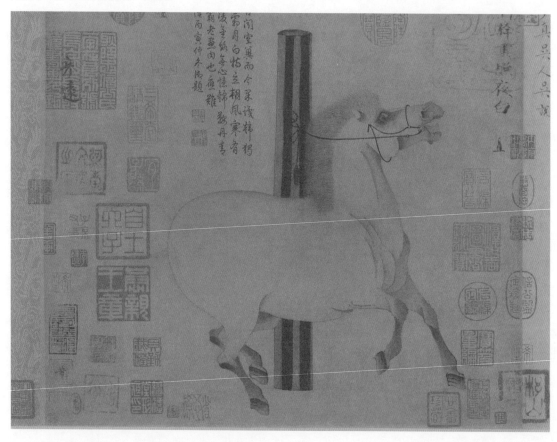

{杜牧《張好好詩》卷}

《張好好詩》是杜牧代表作之一，此卷又是杜牧親筆書寫，詩書雙絕，為傳世珍品

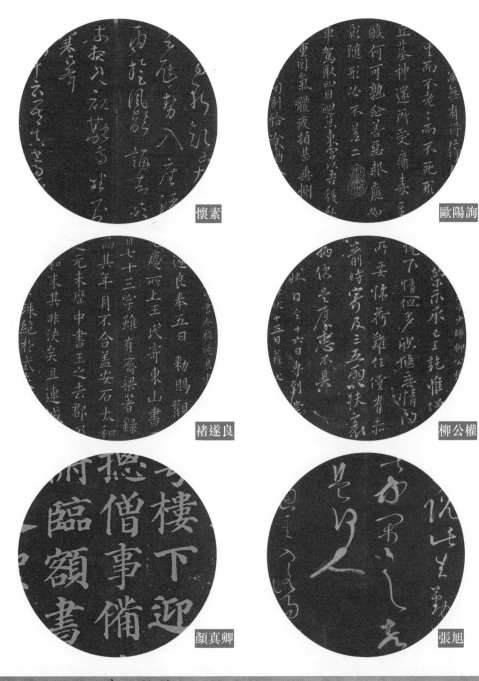

懷素

歐陽詢

褚遂良

柳公權

顏真卿

張旭

《霓裳羽衣曲》作為唐代樂舞的集大成者，特點鮮明之處在於其節奏明快活潑，多採用琵琶、箜篌、羯鼓、答臘鼓等胡人的樂器，充滿異域風情。遙想在宮廷宴饗之上，"金似衣裳玉似身，眼如秋水鬢如雲，霞裙月帔一羣羣"，藝伎們身着飄逸的羅裙蹁躚起舞。與之相稱的是唐代女子別出心裁的妝容，一道道複雜的化妝流程，一層層的胭脂水粉，最終呈現"人面桃花相映紅"的效果。

{ 螺鈿紫檀五弦琵琶 }

五弦琵琶，流行於唐，是十部樂中龜茲、天竺、疏勒、高麗諸樂的主要彈撥樂器，宋代衰廢，為四弦琵琶所代替

{ 唐代女性化妝流程 }

用白色粉末覆蓋整個面部。其主要成分是鉛、錫、鋁、鋅，還夾雜各種香料

① 敷鉛華

把胭脂塗滿臉頰、眼瞼

② 塗胭脂

青黑色的眉是主流，眉的形狀多樣。唐玄宗曾命人作《十眉圖》，有鴛鴦、小山、五嶽、三峰、垂珠、卻月、分梢等

③ 畫黛眉

將金箔、貝殼、魚鱗、黑光紙、雲母片、翠鳥羽毛等各色材料，加工成圓點、水滴、月牙、祥雲、鳥獸、石榴花等形狀各異的薄片，貼在額頭眉間

④ 貼花鈿

⑧ 抹口脂

用鉛華覆蓋整個嘴唇，再勾勒新的唇形。口脂色澤多樣

⑦ 勾斜紅

在面頰兩側、鬢眉之間，用胭脂或紅色染料，勾勒兩道彎曲的痕跡

⑥ 點妝靨

用朱砂或胭脂，輕點雙頰酒窩處

⑤ 塗額黃

將額頭全部塗黃，或是用金黃色的材料剪出各種形狀，貼滿整個額頭

 相關詩句

① "最愛鉛華薄薄妝"

② "三千宮女胭脂面，幾個春來無淚痕"

③ "眉黛將奪萱草色，紅裙妒殺石榴花"

④ "撲蕊添黃子，呵花滿翠鬟"

⑤ "滿額鵝黃金縷衣""半垂金粉知何似，靜婉臨溪照額黃"

⑥ "暗嬌妝靨笑，私語口脂香"

⑦ "一抹濃紅傍臉斜，妝成不語獨攀花"

⑧ "朱唇深淺假櫻桃"

{ 唐代宮廷樂舞 }

（唐代在吸收融合外來音樂的基礎
上所形成的獨具一格的音樂）

十部伎 ── 《燕樂伎》 ── 《西涼伎》 ── 《高麗伎》 ── 《龜茲伎》 ── 《安國伎》

《清商伎》 ── 《天竺伎》 ── 《疏勒伎》 ── 《康國伎》 ── 《高昌伎》

（漢魏以來的傳統舊樂）

《燕樂》（包括《景雲樂》《慶善樂》 ── 《鳥歌萬壽樂》 ── 《龍池樂》
《破陣樂》《承天樂》）

坐部伎

《長壽樂》 ── 《天授樂》 ── 《小破陣樂》

立部伎 ── 《安樂淨》 ── 《破陣樂》 ── 《大定樂》 ── 《上元樂》

《太平樂》 ── 《慶善樂》 ── 《聖壽樂》 ── 《光聖樂》

{ 穿間色裙女俑 }

《柘枝》

其他

《胡旋》 ── 《胡騰》

{ 唐朝女子的髮型 }

BC 2100

BC 1900

BC 1700

BC 1500

BC 1300

BC 1100

BC 900

BC 700

BC 500

BC 300

BC 100

0

100

300

500

700

900

581—979

1100

1300

1500

1700

1900

〈彈奏箜篌的女俑〉

〈紅衣舞女圖〉

〈敦煌壁畫胡旋舞〉

〈彩繪陶宮裝伎樂女俑〉

〈彩繪陶女俑〉

〈彩繪陶樂女俑〉

〈女官陶俑〉

〈立姿侍女陶俑〉

盛世之下，人們的生活是富有情調的。唐朝人喜歡郊遊，尤其是初春時節至清明前後愛賞花，"若待上林花似錦，出門俱是看花人"，頗有生活意趣。遊春是唐代社會風俗，以每年的三月初三為最盛。人們在經歷了一個萬物蕭條的寒冬後，親近自然，去大自然中感受陽光明媚、鳥語花香的春天氣息。唐代畫家張萱的《虢國夫人遊春圖》描繪了楊貴妃的姐姐虢國夫人和秦國夫人盛裝遊春的景象。

最與此時銳意進取的時代風貌相契合的運動大概就是打馬球了。馬球比賽的參加者分列兩隊，左手執韁，右手持球棍擊球，以進球的多少定輸贏。"珠球忽擲，月杖忽擊"、"電光相逐"的激烈場景，兩馬相撞、碎首折臂的驚險刺激，都表現了唐人朝氣蓬勃的意趣。

在隋唐開放的社會氛圍中，佛教適應中

{《虢國夫人遊春圖》(局部)}

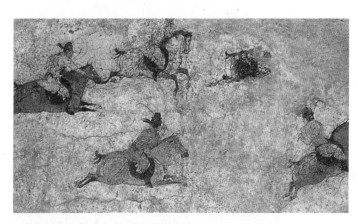

{唐章懷太子墓壁畫《馬球圖》(局部)}

{打馬球紋銅鏡}

{出獵圖}

除了馬球之外，狩獵也是唐代風行的運動之一

BC 2100
BC 1900
BC 1700
BC 1500
BC 1300
BC 1100
BC 900
BC 700
BC 500
BC 300
BC 100
0
100
300
500
700
900
581—979
1100
1300
1500
1700
1900

國文化，發展成為一種樂觀、入世的宗教。因不同的理論體系、寺院財產和傳法世系而演化出眾多不同的教派，這也是佛教成熟的重要表現。佛教文化還激發了中國傳統文化的創造力，豐富了中國傳統壁畫、雕塑等方面的內容。

{銅浮圖}

浮圖即塔，原置於法門寺塔地宮之中，內有鎏金銀棺，棺內安放着佛骨舍利

{鎏金銅舍利棺}

{龍門奉先寺造像全景}

唐高宗與武則天時期開鑿的廬舍那佛像

{ 法門寺全景 }

法門寺坐落在陝西扶風，興建於北魏，是唐朝的皇家寺院，因寺塔中藏有釋迦牟尼的指骨舍利而舉世聞名

{ 慈恩寺大雁塔 }

玄奘法師自天竺歸來後，在慈恩寺翻譯佛經，並開創了法相唯識宗

{ 唐朝七次迎奉佛骨概況表 }

序號	時間	皇帝	盛況
1	貞觀五年（公元 631 年）	唐太宗	千人一時同觀，京邑內外，崩騰同赴，屯聚塔所，並重修法門寺，增築殿堂，修建鐘、鼓二樓
2	顯慶五年（公元 660 年）	唐高宗	迎奉佛骨於東都洛陽。武則天施捨佛事寢衣帳絹 1000 匹，為佛骨製造金棺銀槨。在東都供養三年後（公元 662 年）奉還，皇帝皇后親造九重寶函，供送 1500 匹絹綢，數千人的隊伍千里護送。增修法門寺
3	長安四年（公元 704 年）	武則天	奉送佛骨到東都洛陽，公元 708 年歸還。並重修法門寺殿塔
4	上元元年（公元 760 年）	唐肅宗	迎奉佛骨於京師禁中道場。獻贈甚奢，有襴金袈裟一副，沉檀香 300 兩等
5	貞元四年（公元 788 年）	唐德宗	不成文的規定是迎奉三十年一次，但德宗即位後急不可待，距上次迎奉僅二十八年就再次迎奉
6	元和十四年（公元 819 年）	唐憲宗	王公大臣狂奔參拜，百姓民眾唯恐落後，有廢業破產、燒頂灼背、截指斷臂求供養者
7	咸通十四年（公元 873 年）	唐懿宗	耗費錢財之多超過前幾代，佛具上均飾以金玉珠翠瑪瑙，組織萬隊儀杖，從京都長安到法門寺 300 里間，車馬晝夜不絕。唐懿宗見佛骨激動得淚水泉湧，沾濕襟袖。此次迎送具有國際性，天竺沙門伽提和也參與其中

BC 2100
BC 1900
BC 1700
BC 1500
BC 1300
BC 1100
BC 900
BC 700
BC 500
BC 300
BC 100
0
100
300
500
700
900
581—979
1100
1300
1500
1700
1900

{彩繪石雕觀音菩薩像／
彩繪描金天王俑}

這兩件藝術品，是唐代佛教
造像的代表作之一

{佛教八大宗與唐代的佛教祖庭示意圖}

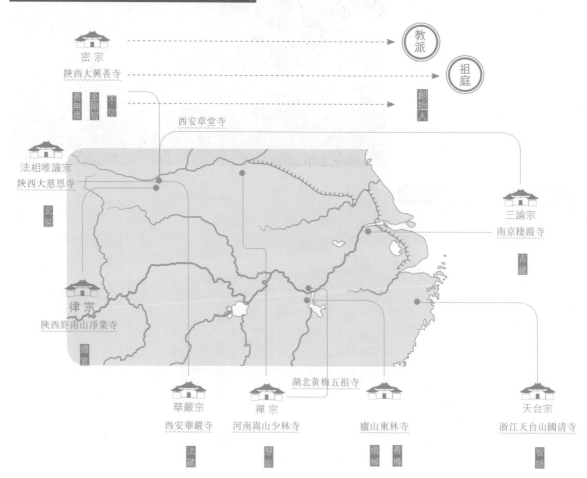

密宗
陝西大興善寺

善無畏　金剛智　不空

教派
祖庭
創始人

西安草堂寺

法相唯識宗
陝西大慈恩寺

玄奘

三論宗
南京棲霞寺

吉藏

律宗
陝西終南山淨業寺

道宣

湖北黃梅五祖寺

華嚴宗
西安華嚴寺

禪宗
河南嵩山少林寺

盧山東林寺

天台宗
浙江天台山國清寺

法藏　　慧能　　道綽　善導　　智顗

文明的傳播

◎ 草原絲路　◎ 北方絲路

◎ 青海、西南絲路　◎ 海上絲路

隋唐人以開放的姿態與周邊民族和國家進行物質、文化上的交流與合作，而商業貿易是這種交流最初的原動力。由貿易而形成的絲綢之路就是不同文明相互擴散、滲透的交通線。絲綢之路猶如一條彩帶，將亞洲、歐洲、非洲的古文明聯繫在一起，在這條綿延的古道上，留下了大量的文明印跡，向我們展示着盛世的氣度。

{ 突厥石人 }

墓前立石人是突厥民族的葬俗，屍體下葬後，在墓上要豎立石像，圖畫死者的容貌及其生平所經戰陣之狀以紀其戰功，可見突厥人驍勇尚武的民風

草原絲路

這條絲路由中原地區向北，穿過長城到達塞外，從關內京畿北上至大同城、中受降城（今包頭），至突厥、回鶻，由回紇牙帳西去，經過蒙古高原前往中亞、西亞、歐洲。突厥、回鶻是先後活躍在這條貿易線上的主角，他們從草原地區向中原輸出皮毛畜產，換取中原的絲絹再轉手到波斯、東羅馬帝國等地。

突厥是 6 世紀中期興起的以狼為圖騰的遊牧民族。隋初，突厥內訌分為東、西兩部。隋末，突厥勢力再次興起，時不時叩邊騷擾。唐貞觀三年（629 年）突厥內部嫌隙再生，唐太宗趁機派兵出擊，次年生擒頡利可汗，東突厥滅亡。但西突厥仍稱霸西域，控制着絲綢之路。顯慶二年（657 年），在回鶻部落的協助下，西突厥被唐軍攻破，回鶻盡佔其地，確立了它在中亞地區的統治地位。

突厥民族有自己的文字，崇奉火神，使用源於中原地區的十二生肖。突厥始終捍衛着自身的民族性，保持着遊牧的生活方式。而後起的回鶻卻只用了百年的時間，就把自身變為定居民族。早在突厥汗國時期，馬匹就是備受中原王朝青睞的商品，中原人以絲、絹換取突厥人的馬匹。後起的回鶻進一

BC 2100
BC 1900
BC 1700
BC 1500
BC 1300
BC 1100
BC 900
BC 700
BC 500
BC 300
BC 100
0
100
300
500
700
900
581—979
1100
1300
1500
1700
1900

步發展了這種貿易形式，尤其是在回鶻助平"安史之亂"後，唐王朝為答謝回鶻，除了原有的朝貢回賜之外，約定每年贈絹十萬匹，並與之進行"絹馬互市"。回鶻將數量巨大的絲絹轉手輸入中亞、西亞等地，藉此牟取暴利。

北方絲路

北方絲路是亞歐貿易的主幹線，東起長安，西至東羅馬帝國君士坦丁堡，橫貫亞歐大陸，來往的商人絡繹不絕。這裏崇山峻嶺、沙漠廣佈，古人們卻打破了天塹的阻隔，把這裏變成了中國文明、印度文明、伊斯蘭文明、希臘羅馬西歐文明的交匯處，成為人類文明的十字路口。

絲路東段自長安經隴西高原、河西走廊至敦煌。敦煌是西域進出中原的第一關，在河西走廊的最西端，其西接西域，東接中原，控制着東西方交往的咽喉。中原地區與周邊民族和國家的僧侶、商旅在這裏傳道、貿易，不同的文化在這裏交流、傳播。莫高窟就是這段歷史最好的見證，這座"活"了千年的文化藝術寶庫，至今還屹立在沙漠蒼穹之中。流傳下來的壁畫、塑像、文書，向我們再現了那個輝煌燦爛的時代。

絲路中段從敦煌玉門關、陽關出發向西走，到達古稱蔥嶺的帕米爾高原和伊犁河下游一帶。這一段有三條路線：北道自玉門關到伊吾，向北翻越天山，沿天山北麓到庭州，渡伊犁河到碎葉城，沿錫爾河谷可達鹹海、裏海；中道自玉門關，到達高昌，沿塔克拉瑪干沙漠北緣經龜茲、姑墨、疏勒到達大宛；南道自陽關沿塔克拉瑪干沙漠南緣，經樓蘭、且末、于闐、莎車、疏勒到達帕米爾高原。

世代經商善賈的粟特人在這條道路上穿梭貿易，他們生活在阿姆河和錫爾河流域，其王均以昭武為姓，亦稱"昭武九姓"。粟特分為以康國為首的東粟特和以安國為首的西粟特，他們在商貿途中充當了東西方文明

{敦煌壁畫胡旋舞}
左為舞姬；右為伴奏樂隊，樂器有：腰鼓、橫笛、拍板、鑼、花邊阮、方響、篳篥、箏、排簫、豎笛、都曇鼓

〔彩陶粟特人俑〕

{彩繪胡商牽駱駝俑}

駱駝是絲綢之路上必不可少的交通工具，被稱為沙漠之舟。很多波斯、大食商人，都是帶領駝隊往來貿易的

{馱包袱駱駝俑}

包袱上裝飾有希臘神話中酒神的形象，可見當時東西方文化交流之密切

{東羅馬金幣}

雙面花紋，正面為東羅馬帝國皇帝頭像。背面為戴翼女神像

{阿拉伯金幣}

出土於西安，幣面鑄造有阿拉伯文

{粟特鹿紋銀盤}

粟特金銀器中，以鹿紋為主題的最多見。原本樹杈狀的鹿角演變為扇形，是粟特特有的風格

{昭武九姓及粟特與唐的關係}

名稱	公元紀年	年號紀年	事件
安國	618~626	武德	唐置安息州
石國	658	顯慶三年	唐置大宛都督府
何國	-	永徽中	唐置貴霜州
史國	-	顯慶中	唐置佉沙州
米國	658	顯慶三年	唐置南謐州
東安國	657	顯慶二年	唐滅西突厥，置羈縻州府，粟特九姓胡改宗唐朝
	658	顯慶三年	唐置木鹿州
康國	-	永徽中	唐置康居都督府
安國	707	神龍三年	阿拉伯滅安國
康國	712	先天元年	阿拉伯滅康國
粟特九姓	751	天寶十年	唐高仙芝敗於阿拉伯，粟特九姓胡改宗阿拉伯

BC 2100
BC 1900
BC 1700
BC 1500
BC 1300
BC 1100
BC 900
BC 700
BC 500
BC 300
BC 100
0
100
300
500
700
900
581—979
1100
1300
1500
1700
1900

的"搬運者"，他們把祆教、摩尼教、中亞音樂、舞蹈、曆法等傳入中原，也把中國絲綢、造紙技術傳到西方。而粟特本身也是個文明程度很高的民族，有自己的文字。粟特文字後為回鶻所借鑒，與維吾爾文、蒙文、滿文也有着密切的關係。

唐代有着海納百川的氣度，西域衣、食、住、行等方面的習俗文化傳入中原後，不僅沒有受到打壓，反而備受青睞，大放異彩，引起廣泛而深遠的影響。唐代詩人王建《涼州行》詩句"洛陽家家學胡樂"以及元稹的詩句"胡音胡騎與胡妝，五十年來競紛泊"說的就是當時中原胡風盛行的境況。

絲路西段是沿着中段的路線繼續西行，也有三條路線：北道沿鹹海、裏海、黑海的北岸，經過碎葉、江布爾城、伊蒂爾（阿斯特拉罕）等地到達伊斯坦布爾；中道自大宛，經撒馬爾罕、布哈拉到伊朗；南道自帕米爾高原，由克什米爾進入巴基斯坦，南下進入印度，或經喀布爾、伊拉克、大馬士革、伊斯坦布爾等前往歐洲。與大唐有着密切貿易關係的主要是薩珊波斯、東羅馬帝國及後起的大食等。大量的商業往來是通過敍利亞人、猶太人、波斯人、粟特人以及中國北方的草原民族間接進行的。後波斯帝國被大食（阿拉伯帝國）吞併，阿拉伯商人成為新的貿易中介。

中亞腹地是東西文化交匯之地，也成為兵家必爭之地。天寶十年（751 年），如日中天的大食與盛世大唐爭奪該地區的控制權，高仙芝帶領的安西都護府軍隊在怛羅斯（今哈薩克斯坦的江布爾城附近）與大食的阿拔斯王朝東征軍展開激戰，唐軍戰敗。此後，唐朝勢力在西域有所內縮，大食東進，伊斯蘭教文化在中亞逐漸佔據主導地位。在這次戰爭中被擄走的中國戰俘使造紙術西傳，西方使用的"皮紙"及埃及草紙在此之後被逐漸淘汰。

{ 中國造紙術的傳播 }

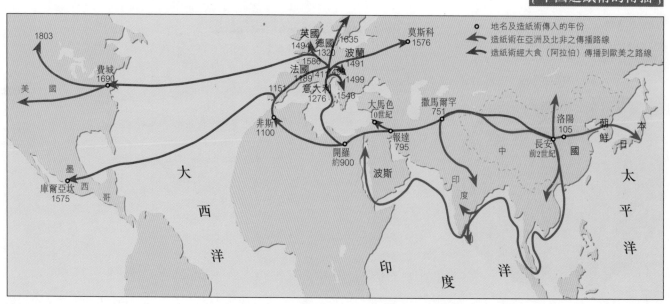

青海、西南絲路

　　青海絲路和西南絲路都是去往西南方向，目的地是吐蕃、天竺（今印度）等地。

　　青海絲路也稱"唐蕃古道"，這條道路密切了吐谷渾、諸羌、吐蕃與唐朝之間的關係，中國的絲綢，吐蕃的麝香、藏香傳入尼波羅（今尼泊爾）、天竺。

　　7 世紀初，吐蕃贊普論贊索統一雅魯藏布江南北，揭開了高原歷史的新篇章。在其繼任者松贊干布的領導下，吐蕃進一步吞併周邊小部落，從尼波羅引入佛教，並健全政治體制，吐蕃王朝走向強大。吐蕃與唐朝間的使者往來多達 200 餘次，前後舉行的較大會盟有 8 次，823 年的"唐蕃會盟碑"至今還矗立在拉薩大昭寺門前。唐蕃關係中雖有戰爭，但是和平交流還是其主旋律。

　　西南絲路又稱西南夷道，是由長安經巴蜀、永昌通往天竺的貿易之路。天竺是青海絲路和西南絲路共同的目的地，除了貿易之外，對中國影響最大的莫過於佛教文化的傳播。為尋求佛法，大唐高僧玄奘歷經艱險到達天竺，在摩揭陀國（今印度比哈爾邦）最著名的那爛陀寺潛心修學五年，獲得了印度佛學界的認可，被稱為"大乘天"。貞觀十七年（643 年），玄奘攜帶大量的經書、佛像、花果種子等回到長安。之後，他主持修建了大慈恩寺佛塔（今大雁塔），創立法相唯識宗，翻譯佛經總計 75 部，1335 卷。他還口述旅行中的豐富見聞，由弟子筆錄而成《大唐西域記》，是唐代有關西域的重要歷史文獻。

BC 2100

BC 1900

BC 1700

BC 1500

BC 1300

BC 1100

BC 900

BC 700

BC 500

BC 300

BC 100

0

100

300

500

700

900

581—979

1100

1300

1500

1700

1900

〔大昭寺內的文成公主像〕

〔玄奘像〕

〔大昭寺內的松贊干布像〕

〔大昭寺內的唐蕃會盟碑〕

《大唐西域記》（泥金寫本，局部）

{唐與吐蕃交往重要事件表}		
事件	年份	重要成就
文成公主和親	641 年	• 文成公主傳授墾田種植方法予吐蕃
		• 帶金玉綢帛等精美手工藝品、生產技術及醫學著作 100 多種，佛教經籍數百卷
		• 松贊干布為文成公主建小昭寺
神龍會盟	706 年	唐與吐蕃使者長安會盟，結束半個世紀的戰爭，重建親善關係
金城公主和親	710 年	帶繡花錦緞數萬匹、工技書籍多種及大量隨行工匠和樂工雜技入吐蕃，傳入中原文化
開元會盟	733 年	唐與吐蕃在赤嶺立碑分界
長慶會盟	822 年	重建雙方關係，結束唐蕃之爭，次年立唐蕃會盟碑作紀念

海上絲路

安史之亂後，吐蕃趁亂控制了西域，陸上絲綢之路受阻。加之古代陸路運輸相比海路運輸，存在成本高、效率低等缺陷，海上絲綢之路遂得以憑藉海路運輸載重量大、可直接與周邊國家進行貿易等優勢，逐漸繁盛。造船技術的進步也為海上交通提供了條件，唐時所建造的遠洋海船長 20 餘丈，可承載六七百人。船身採用較為先進的水密隔倉，在增強了船舶強度、抗風浪能力的同時，保證一倉漏水不致使全船沉沒，提升了抗沉性能。

海上絲綢之路分為東西兩條。東向航線又稱"東海絲路"，指從中國東部之登州、揚州、明州等地的港口出發到達朝鮮；或過朝鮮海峽，最終抵達日本的貿易航線。這一時期，中國與東北亞各部族政權和國家交流頻

{敦煌壁畫中的大帆船}

581—979

{唐代海船復原想象圖}

繁，這些政權紛紛學習、借鑒隋唐文明，儒家思想也不斷遠播，成為東亞地區的主要思想。

隋唐前期的遼東和朝鮮半島被高句麗、百濟、新羅所佔據。高句麗為中國境內少數民族政權，百濟是由東北扶餘人百濟部建立的政權。自隋文帝開始出兵征討，到唐高宗時，聯合新羅先後滅掉百濟和高句麗，朝鮮半島迎來了新羅的統一時代。新羅派遣大批的留學生和留唐僧人學習唐朝的文化，不但推動本國了文化的進步和發展，也使唐文化東傳至朝鮮半島。

相比之下，日本人對中華文化的熱情更為高漲，從 630 年至 894 年的 200 多年間，日本派出遣唐使團 19 次，使團少者 120 人，多者達 600 餘人。這些留學生、留學僧學習大唐文化，吸收中華文化的精華，回國後成為"大化改新"的主力。日本逐步以唐朝政治制度為藍本建立了"律令制國家"，日本正

{隋時期高句麗、新羅、百濟示意圖}

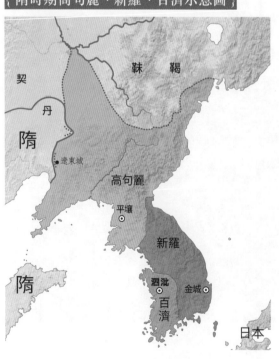

{渤海國示意圖}

倉院現今仍然保留着大量唐代傳入的物品。

中國佛教文化在日本受到推崇。為了宣揚佛法，66 歲高齡的鑒真和尚先後六次東渡日本終得以成功，彼時的他雙目都已失明。他在日本講習佛法，開創了日本的律宗，並按照揚州大明寺的格局，在奈良主持建成唐招提寺，還帶去了大量的佛經、佛像等，譜寫了中日文化交流史上的一段佳話。

渤海國在日本與唐朝交往中扮演着中轉站的角色。盛唐時期，在今遼寧、吉林的東部，粟末靺鞨首領大祚榮建立政權。713 年，唐玄宗冊封大祚榮為"渤海郡王"並加授忽汗州都督，始以"渤海"為號。渤海國遣使到唐朝求取各種典籍，吸收了大量的唐文化，如政治體制、城市建築等。

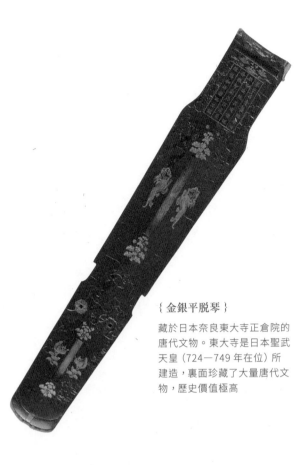

{ 金銀平脫琴 }

藏於日本奈良東大寺正倉院的唐代文物。東大寺是日本聖武天皇（724—749 年在位）所建造，裏面珍藏了大量唐代文物，歷史價值極高

{ 高麗送供圖 }

在這幅敦煌壁畫中，描繪高麗的朝聖者前往五台山進香供奉的情景

BC 2100

BC 1900

BC 1700

BC 1500

BC 1300

BC 1100

BC 900

BC 700

BC 500

BC 300

BC 100

0

100

300

500

700

900

581—979

1100

1300

1500

1700

1900

{ 渤海的侍從 / 渤海的伎樂 }

渤海國貞孝公主墓壁畫的人物形象，與中原地區的人物形象相同

{ 主要外國使節入唐次數概況 }

阿拉伯帝國	33次	康國	30次	吐火國	26次	新羅	26次	波斯	26次	印度	25次
越南	24次	石國	21次	安國	17次	日本	13次	米國	10次	火尋	10次
曹國	8次	百濟	8次	高麗	7次	東羅馬	7次	史國	5次	斯里蘭卡	5次
何國	2次	尼泊爾	2次								

　　海上絲綢之路的西向航線又稱"南海絲路"，其從中國東南沿海之明州、揚州、泉州、廣州等地的港口出發，經南海、印度洋至西亞。通過這條貿易航線輸出的商品主要有絲綢、瓷器、茶葉和銅鐵器四大宗；輸入的多是香料、花草等一些供賞玩的奇珍異寶。

　　如今，水下考古發現成為我們證實唐代海上絲綢之路真實存在的重要手段。一艘在印度尼西亞爪哇勿里洞島（Belitang Island）附近觸礁沉沒的商船"黑石號"在歷經千年之後被打撈上來，船上的瓷器和金銀器有 6 萬多件，經證實，這是一艘滿載晚唐寶物的阿拉伯船隻。

{黑人俑}

唐朝時不少非洲黑人輾轉來華,一些富豪之家甚至蓄黑人為奴,葬時做黑人俑陪葬

{彩繪陶持鋤男俑}

這件勞作的男俑,頭髮捲曲、深目高鼻,應是胡人或黑人形象

{從"黑石號"打撈上來的唐青花}

{花鳥紋碗 / 胡旋舞紋罐}

這兩件唐代的長沙窯瓷器,應該都是通過海上絲路運往西亞的外銷瓷

BC 2100

BC 1900

BC 1700

BC 1500

BC 1300

BC 1100

BC 900

BC 700

BC 500

BC 300

BC 100

0

100

300

500

700

900

581—979

1100

1300

1500

1700

1900

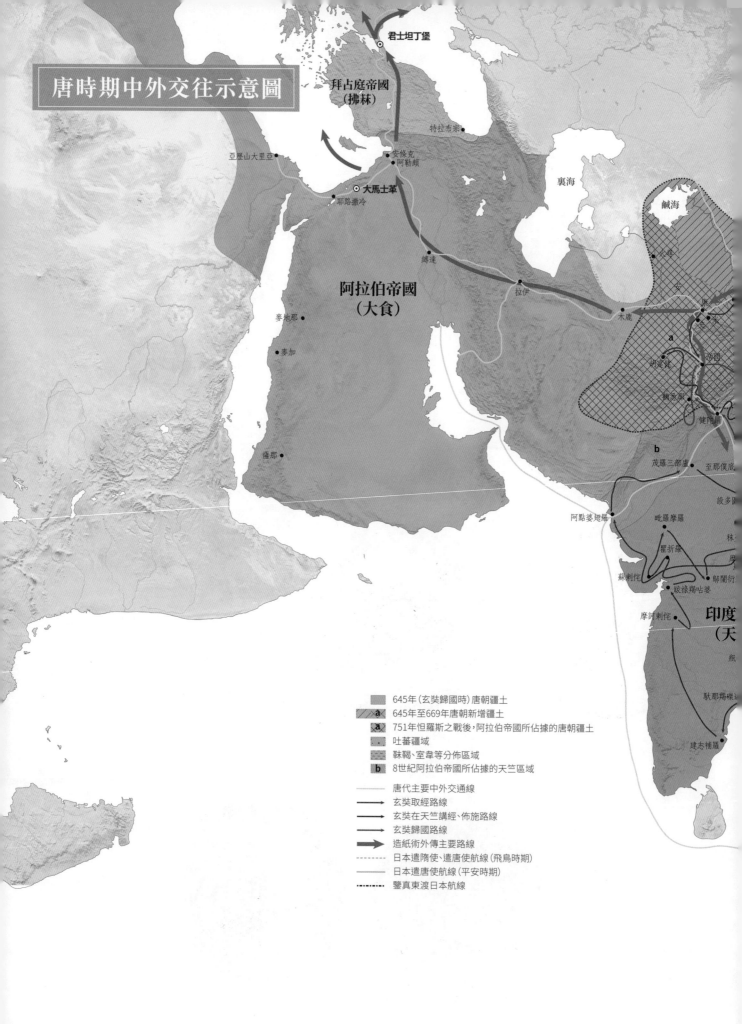

唐時期中外交往示意圖

君士坦丁堡

拜占庭帝國
（拂菻）

特拉布宗

亞歷山大里亞

安條克
阿勒頗

裏海

鹹海

大馬士革

火尋

耶路撒冷

縛達

康

阿拉伯帝國
（大食）

拉伊

木鹿

a

胡宓健

颯秣建

麥地那

健馱邏

麥加

b

茂羅三部盧

至那僕底

薩那

毘羅摩羅

林

瞿折羅

阿點婆翅羅

原

蘇剌侘

郎闍衍

印度
（天

跋祿羯呫婆

摩訶剌侘

瓶

馱那羯磔

建志補羅

645年（玄奘歸國時）唐朝疆土
645年至669年唐朝新增疆土
751年怛羅斯之戰後，阿拉伯帝國所佔據的唐朝疆土
吐蕃疆域
靺鞨、室韋等分佈區域
8世紀阿拉伯帝國所佔據的天竺區域

唐代主要中外交通線
玄奘取經路線
玄奘在天竺講經、佈施路線
玄奘歸國路線
造紙術外傳主要路線
日本遣隋使、遣唐使航線（飛鳥時期）
日本遣唐使航線（平安時期）
鑒真東渡日本航線

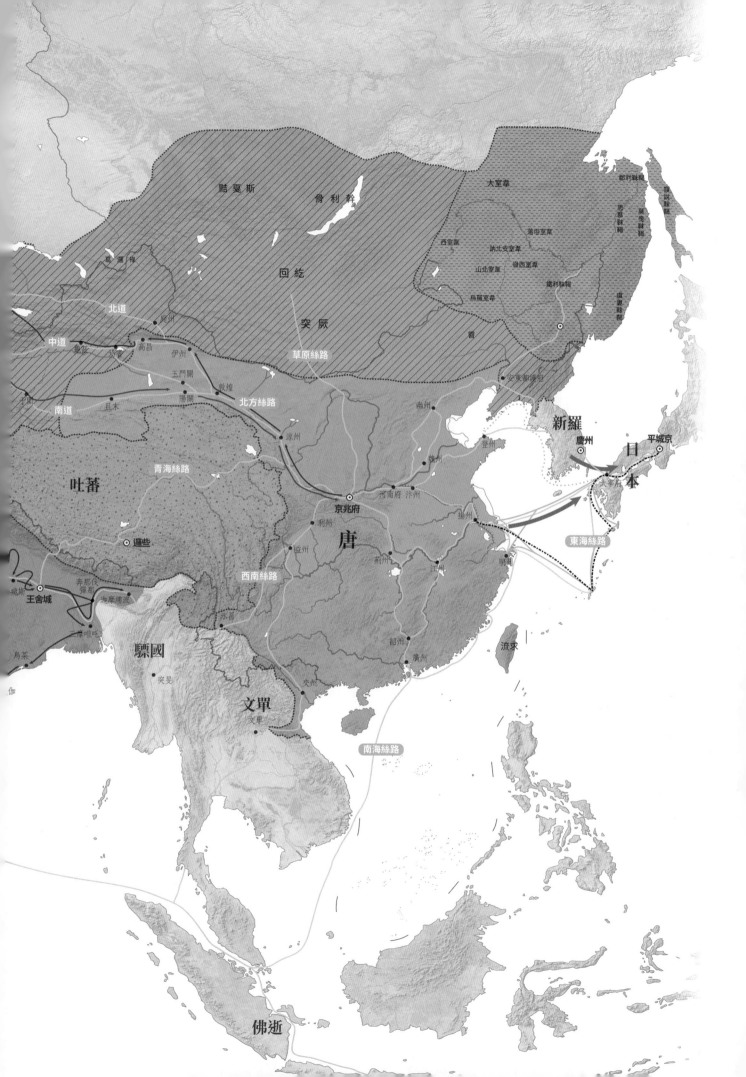

肆 盛極而衰

◎ 漁陽鼙鼓動地來　◎ 賦到滄桑句便工

漁陽鼙鼓動地來

　　唐朝經歷了一個多世紀的發展，在社會經濟財富積累到最大的同時，各方面的弊端也逐漸顯露但未能有效化解，終以致積重難返，發生了安史之亂。當時安祿山是范陽、平盧、河東三鎮節度使，又兼任河北道採訪使，集軍政、民政大權於一身，具備了割據一方的實力。而他與宰相楊國忠之間爭權奪利，成了安史之亂的導火線。天寶十四年（755 年）十一月初，安祿山以奉密詔討伐楊國忠為藉口在范陽起兵，主力軍經河北一路南下，一個月後就已經進入河南，攻下東都洛陽。

　　當時唐王朝各節度使控制整個國家不少於 85% 的兵力，中央政府沒有足夠的兵力與之抗衡，臨時招募的士兵缺乏實戰經驗，戰鬥力不足，被迫退守潼關。潼關是長安的門戶，易守難攻，叛軍束手無策。玄宗卻聽信讒言，惱怒於鎮守潼關的封常清和高仙芝兩位主將不能迅速擊敗叛軍，斷然將其處死；又迫使繼任的哥舒翰主動出擊，卻遭叛軍伏擊，致使潼關失守，無險可退，叛軍直逼長安。玄宗攜親近出逃，至馬嵬坡時，隨

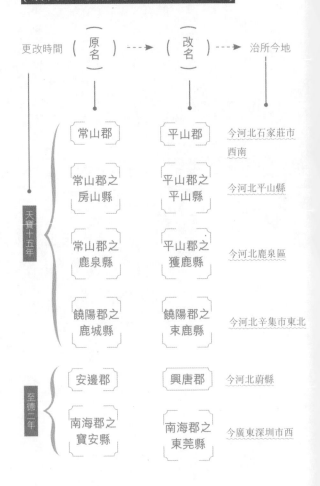

{ 唐代因"安祿山"更改地名舉例 }

更改時間　（原名）--→（改名）--→治所今地

天寶十五年

原名	改名	治所今地
常山郡	平山郡	今河北石家莊市西南
常山郡之房山縣	平山郡之平山縣	今河北平山縣
常山郡之鹿泉縣	平山郡之獲鹿縣	今河北鹿泉區
饒陽郡之鹿城縣	饒陽郡之束鹿縣	今河北辛集市東北

至德二年

原名	改名	治所今地
安邊郡	興唐郡	今河北蔚縣
南海郡之寶安縣	南海郡之東莞縣	今廣東深圳市西

＊安史之亂爆發後，唐玄宗在天寶十五載因憎惡"安祿山"更改地名四處。唐肅宗"以（安）祿山國仇，惡聞其姓"，更改郡縣名中帶"安"字者，以抑制對安祿山的褒義聯想，導致一兩年之內更改的地名多達四十餘處。

安史之亂示意圖

圖例：
- ◎ 抵抗叛軍的主要地點
- → 安祿山叛亂進軍路線
- → 唐玄宗入蜀路線
- 張巡 抵抗叛軍的主要守將
- → 史思明叛亂進軍路線
- → 官軍反擊路線
- 叛軍主要控制區域
- → 太子李亨北上路線

唐代藩鎮類型

藩鎮類型 --→	主要演變淵源 -------→	政治關係 --→	財政關係 -------→	軍事關係 -------→	動亂次數
河朔型	安史殘餘勢力	割據	不上供	擁重兵自擅	65
中原型	戰亂中新興藩鎮		無上供（或少上供）	駐重兵防驕藩	52
邊疆型	開元、天寶時緣邊節鎮	不割據	度支補貼（或少上供）	駐重兵防邊疆	42
東南型	相當於開元、天寶時採訪使		賦稅之地	駐兵少，防"盜賊"	12

300
500
700
900
581—979
1100
1300
1500
1700
1900

{唐代藩鎮類型示意圖}

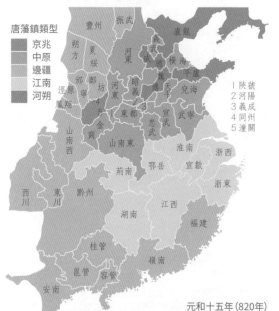

唐藩鎮類型
- 京兆
- 中原
- 邊疆
- 江南
- 河朔

1 陝虢
2 河陽
3 義成
4 同州
5 潼關

行護衛將士疲憊飢餓，怨恨楊國忠兄妹禍國殃民，殺楊國忠及其親眷，又逼得玄宗縊死楊貴妃。次年七月，太子李亨在靈武登基，是為肅宗，命郭子儀、李光弼討伐叛軍。至寶應二年（763年），七年多的安史之亂才得以平息。這場戰亂使如日中天的唐朝盛極而衰，對後世中國的政治、經濟、文化都產生了巨大的影響。

平定安史之亂後，面對吐蕃、党項的虎視眈眈，朝廷軍將及宦官勢力的擴大，唐王朝轉而招撫安史舊部，使其"治城邑甲兵"，邊疆節度使與採訪使結合而形成藩鎮。在這

元和十五年（820年）

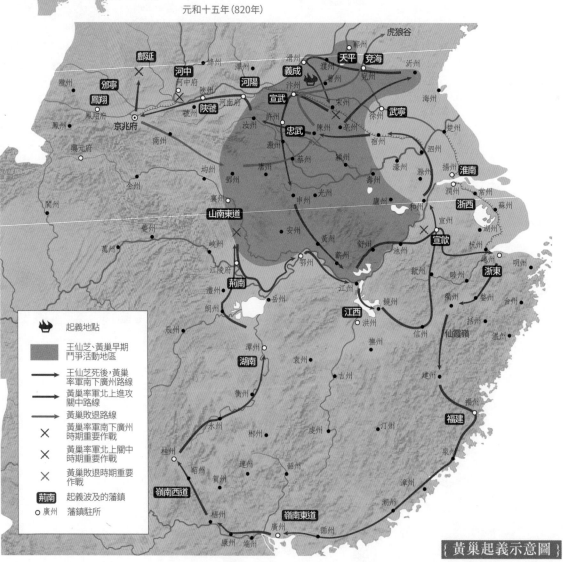

起義地點

- 王仙芝、黃巢早期鬥爭活動地區
- 王仙芝死後，黃巢率軍南下廣州路線
- 黃巢率軍北上進攻關中路線
- 黃巢敗退路線
- ✕ 黃巢率軍南下廣州時期重要作戰
- ✕ 黃巢率軍北上關中時期重要作戰
- ✕ 黃巢敗退時期重要作戰
- 荊南 起義波及的藩鎮
- ○ 廣州 藩鎮駐所

{黃巢起義示意圖}

樣的藩鎮格局之下，唐政府不得不在中原地區也屯結重兵與之抗衡，逐步形成了中晚唐藩鎮林立的局面。但是大多數藩鎮是不割據的，中原地區和邊疆地區的藩鎮保證了內外勢力的均衡，東南藩鎮則提供財政上的支持，正是藩鎮之間的相互制約，使得唐王朝在經歷了安史之亂之後仍存在了百餘年。

與中央抗衡割據的藩鎮主要集中在河朔地區，多為安史舊部的歸降者，以盧龍、成德、魏博三鎮為代表，他們與朝廷之間的對抗摩擦不斷，上演了一幕幕"兵驕則逐帥，帥強則叛上"的鬧劇。最終，黃巢起義席捲全國，所到之處山河變色，打破了藩鎮之間的平衡，也導致了唐朝覆滅，開啟了五代十國的亂世。

五代十國時期，在中原地區先後有漢人建立的後梁，沙陀突厥人建立的後唐、後晉、後漢，以及漢人建立的後周，稱為"五代"。同時，南方地區先後交錯出現了九個政權，與北方的"北漢"加在一起，稱為"十國"。在此期間，北方契丹族日益強大，於 916 年建立契丹政權，即遼朝的前身。

{ 燕雲十六州示意圖 }

* 後晉的建立者石敬瑭本是後唐的河東節度使，其深知自身實力不足以自立為王，遂暗中與契丹人勾結，應許割幽州、薊州、雲州等十六州之地與契丹，於是契丹出兵助石敬瑭滅後唐。石敬瑭稱帝後，尊契丹國主為"父皇帝"，自稱"兒皇帝"，並年年進貢。燕雲十六州囊括了當時中原王朝東北部與北部地區最重要的險關要塞與天然屏障，這一地區的喪失使中原失去了北方的重要屏障，華北大平原全部暴露在北方遊牧民族的鐵蹄之下。

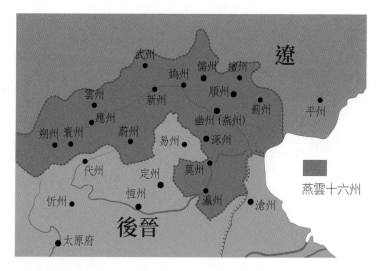

{ 五代十國存續關係圖 }

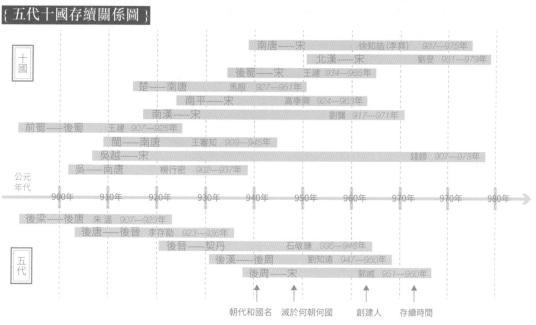

BC 2100
BC 1900
BC 1700
BC 1500
BC 1300
BC 1100
BC 900
BC 700
BC 500
BC 300
BC 100
0
100
300
500
700
900
581—979
1100
1300
1500
1700
1900

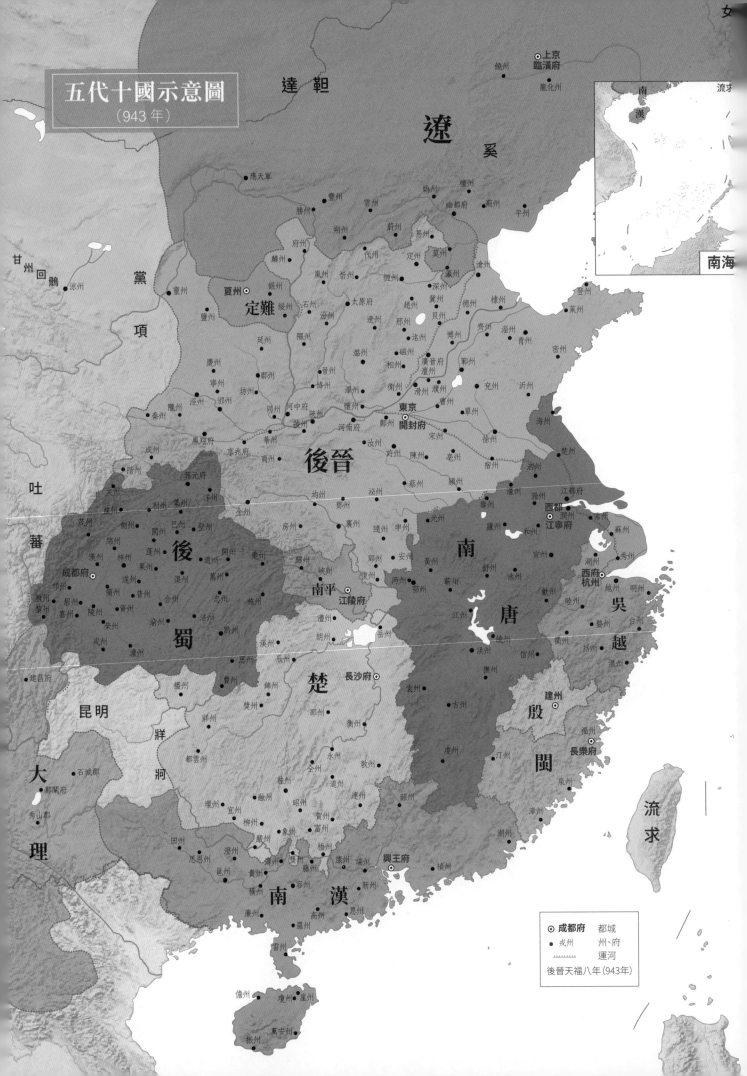

五代十國示意圖
（943年）

女

達靼

遼

奚

甘州
回鶻

黨

項

吐

蕃

大

理

上京
臨潢府

饒州

龍化州

鷹天軍

豐州

勝州

府州

麟州

朔州

雲州

檀州

媯州

幽都府

薊州

平州

涼州

臺州

夏州

銀州

嵐州

代州

忻州

蔚州

易州

定州

莫州

瀛州

滄州

鹽州

綏州

石州

汾州

太原府

遼州

恆州

深州

冀州

德州

棣州

登州

萊州

定難

慶州

延州

丹州

邠州

坊州

同州

隰州

晉州

絳州

潞州

澤州

磁州

相州

衛州

廣晉府

澶州

博州

邢州

洺州

貝州

齊州

青州

淄州

密州

寧州

涇州

河中府

陝州

虢州

河南府

鄭州

懷州

滑州

濮州

鄆州

兗州

沂州

海州

秦州

鳳翔府

京兆府

華州

商州

汝州

東京
開封府

許州

陳州

宋州

亳州

單州

徐州

泗州

楚州

江都府

階州

興元府

澤州

均州

鄧州

蔡州

潁州

宿州

後晉

文州

利州

集州

洋州

金州

房州

襄州

隨州

申州

光州

黃州

壽州

濠州

滁州

和州

西都
潤州

江寧府

常州

蘇州

龍州

劍州

閬州

通州

巴州

壁州

郢州

峽州

郢州

安州

鄂州

舒州

廬州

宣州

湖州

秀州

芮州

綿州

梓州

遂州

閬州

果州

萬州

忠州

歸州

復州

池州

歙州

西府
杭州

越州

明州

漢州

遂州

普州

渝州

合州

涪州

施州

黔州

澧州

岳州

朗州

江州

洪州

撫州

信州

衢州

婺州

括州

台州

成都府

蜀

後

邛州

雅州

眉州

陵州

資州

榮州

戎州

瀘州

溪州

辰州

溫州

黎州

嘉州

思州

貴州

南平

江陵府

南

唐

袁州

吉州

虔州

建州

殷

閩

建昌府

昆明

石城郡

播州

犍州

錦州

楚

長沙府

衡州

永州

敦州

郴州

韶州

汀州

福州

長樂府

泉州

祥

柯

都雲州

邵州

南

竹峒

環州

宜州

融州

柳州

象州

富州

賀州

桂州

全州

道州

連州

賀州

潮州

漳州

流

求

秀山郡

都闌府

田州

澄州

邕州

恩思

貴州

橫州

容州

藤州

竇州

康州

端州

新州

禎州

興王府

南

漢

廉州

高州

恩州

雷州

儋州

瓊州

崖州

萬安州

振州

南

南海

漢

◎ 成都府　都城
• 戎州　州、府
⋏⋏⋏⋏⋏　運河

後晉天福八年（943年）

賦到滄桑句便工

安史之亂波及整個黃河中下游地區，給當時人口稠密的中原地區帶來極為慘重的破壞。人口銳減，百姓或死或逃，關內道在安史之亂發生之前的天寶十一年（752 年）在籍戶數為 81 萬餘戶，到了憲宗元和年間（806—820 年）在籍戶數僅有不到 28 萬戶。人們紛紛遷往相對安定的南方。《元和郡縣圖志》所見之萬戶以上的府州共有 62 個，其中僅有 17 個在北方各道，南方有 45 個之多，僅江南一道就有 33 個萬戶以上的州府。

人口的南遷直接給南方帶去了支撐經濟發展的動力——人才，經濟的發展也促進了南方文化、教育的進步，逐步打破了中原地區文化一枝獨秀的局面。據清代徐松《登科記考》所載，中晚唐時籍貫可考的進士共 470 人，其中籍貫在北方五道（關內、河南、河北、河東、隴右）共有 245 人，在南方五道（江南道、山南道、淮南道、劍南道、嶺南道）有 225 人，以秦嶺淮河為界，南方進士數量開始與北方進士數量平分秋色。原本進士寥寥無幾的江西、福建、湖北等地都有了明顯的增長，由此還衍生出了“破天荒”這個詞語。荊州“每歲解送舉人，多不成名，號曰‘天荒解’”，直至荊州劉蛻及第，稱之為“破天荒”。中晚唐的詩人、散文作家籍貫在南方者也呈現了較高增長，分佈也更加廣泛，尤以江南道增幅最大。

詩歌在經歷了戰亂的動盪後，卻未曾消寂，反而百花齊放。盛唐詩家以不同的聲音唱出了時代的主旋律，而中晚唐政治黑暗腐朽，詩人命途多舛，歷經滄桑，詩文也更為沉鬱，更具有思想性，正所謂“賦到滄桑句便工”。這一時期，湧現出白居易、韓愈、元稹、李商隱、杜牧、杜荀鶴等名家，留下了千古傳誦的名篇。

白居易與元稹等主張詩歌應為時代、現實而作，倡導現實主義，帶頭創作通俗易懂、反映現實的新樂府詩。韓愈、柳宗元倡導文學革新——古文運動，提出“文以載道”的口號。韓愈的《師說》就是一篇說理性很強的文章，闡明了“師者，所以傳道受業解惑也”、“無貴無賤，無長無少，道之所存，師之所存也”等道理。古文運動是對佛教盛行的回應，反映了士人試圖回歸儒學的願望。

晚唐五代時期政局更為動盪，士人本該銳意進取，挽狂瀾於既倒，扶大廈於將傾，實際卻是“商女不知亡國恨，隔江猶唱後庭花”的局面。歌伎、舞姬沒有因動亂而消失，官僚士大夫還多蓄有歌伎，上層社會沉醉於聲色犬馬、奢靡浮華的生活。

“花間詞”正是這種社會頹靡之風的產物，“花間派”的詩人們已不再關注社會民生，他們的詞風香軟，落筆多描寫閨闈情思、花前月下的生活，色彩濃豔，內容上略顯空洞，但在藝術上獨具一格。唐末溫庭筠的詞開啟了五代的“花間派”，長短結合的詞在五代流行開來，短短五十餘年，有花間詞派近 500 首詞流傳於世。

在詩詞上造詣頗高的南唐後主李煜，以其詞語言明快、形象生動、感情真摯，在晚唐五代詞人中獨樹一幟。其亡國後的詞作更是含意深沉，對後世詞壇影響深遠。

BC 2100
BC 1900
BC 1700
BC 1500
BC 1300
BC 1100
BC 900
BC 700
BC 500
BC 300
BC 100
0
100
300
500
700
900
581—979
1100
1300
1500
1700
1900

{唐前期進士分佈示意圖}

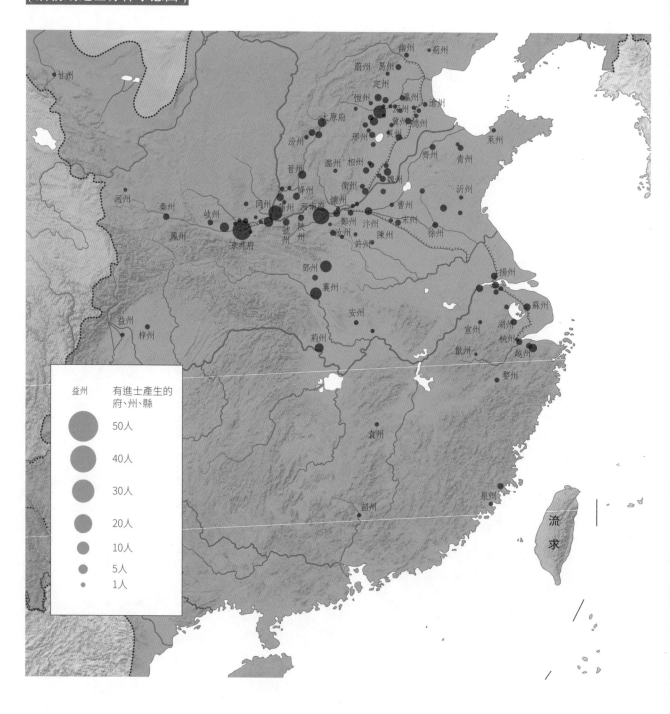

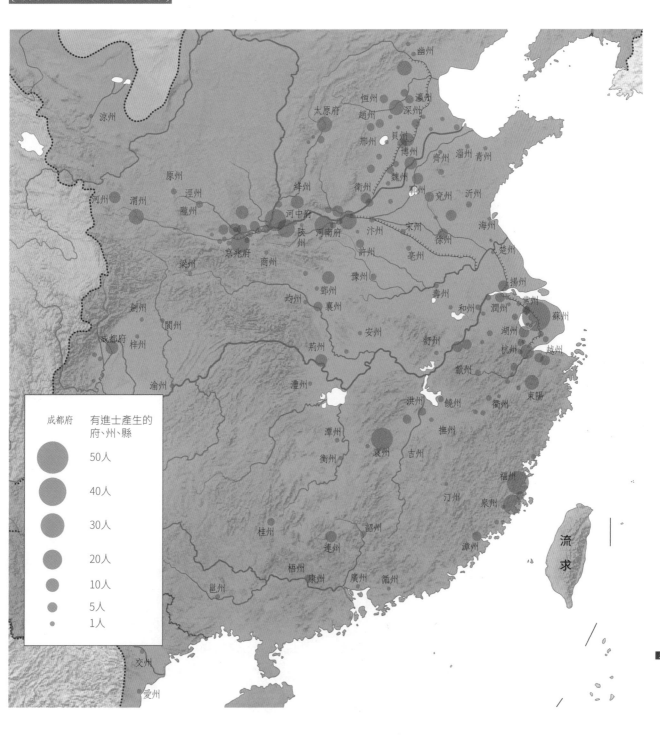

成都府　有進士產生的
府、州、縣

50人
40人
30人
20人
10人
5人
1人

BC 2100
BC 1900
BC 1700
BC 1500
BC 1300
BC 1100
BC 900
BC 700
BC 500
BC 300
BC 100
0
100
300
500
581—979
700
900
1100
1300
1500
1700
1900

曾經滄海難為水，
除卻巫山不是雲。
取次花叢懶回顧，
半緣修道半緣君。
——元稹《離思五首》其四

春花秋月何時了？往事知
多少。小樓昨夜又東風，
故國不堪回首月明中。
雕欄玉砌應猶在，只是朱
顏改。問君能有幾多愁？
恰似一江春水向東流。
——李煜《虞美人》

小山重疊金明滅，鬢雲欲度香腮
雪。懶起畫蛾眉，弄妝梳洗遲。
照花前後鏡，花面交相映。新帖
繡羅襦，雙雙金鷓鴣。
——溫庭筠《菩薩蠻》

離離原上草，一歲一枯榮。
野火燒不盡，春風吹又生。
遠芳侵古道，晴翠接荒城。
又送王孫去，萋萋滿別情。
——白居易《賦得古草原送別》

相見時難別亦難，東風無力百花殘。
春蠶到死絲方盡，蠟炬成灰淚始乾。
——李商隱《無題》

去歲曾經此縣城，縣民無口不冤聲。
今來縣宰加朱紱，便是生靈血染成。
——杜荀鶴《再經胡城縣》

BC 2100

BC 1900

BC 1700

BC 1500

BC 1300

BC 1100

BC 900

BC 700

BC 500

BC 300

BC 100

0

100

300

500

700

900

581—979

1100

1300

1500

1700

1900

【參考文獻】

【1】《通典》，（唐）杜佑撰，中華書局，1988 年。

【2】《唐六典》，（唐）李林甫等撰，中華書局，2004 年。

【3】《大唐西域記》，（唐）玄奘撰，季羨林等校註，中華書局，2000 年。

【4】《唐宋名家文集・韓愈集》，（唐）韓愈撰，中州古籍出版社，2010 年。

【5】《舊唐書》，（後晉）劉昫等撰，中華書局，1975 年。

【6】《舊五代史》，（宋）薛居正等撰，中華書局，1976 年。

【7】《唐會要》，（宋）王溥撰，中華書局，1955 年。

【8】《新唐書》，（宋）歐陽修、宋祁撰，中華書局，1975 年。

【9】《冊府元龜》，（宋）王欽若等編，中華書局，2003 年。

【10】《全唐文》，（清）董誥等編，中華書局，1983 年。

【11】《全唐詩》，（清）彭定求等編，中華書局，1960 年。

【12】《唐兩京城坊考》，（清）徐松撰，張穆校補，中華書局，2013 年。

【13】《唐代的長安》，姚堅編著，中華書局，1960 年。

【14】《洛陽隋唐含嘉倉的發掘》，河南省博物館、洛陽市博物館，載《文物》1972 年第三期。

【15】《隋唐五代史綱》，韓國磐著，人民出版社，1977 年。

【16】《中國造紙技術史稿》，潘吉星著，文物出版社，1979 年。

【17】《論唐代封建經濟的變化》，朱伯庸撰，載《中華文史論叢》，1979 年第一輯。

【18】《中國歷史地圖集》第五冊《隋唐五代十國時期》，譚其驤主編，中國地圖出版社，1982 年。

【19】《中國紡織科學技術史》，陳維稷主編，科學出版社，1984 年。

【20】《唐代倉廩制度初探》，張弓著，中華書局，1986 年。

【21】《南詔國與唐代的西南邊疆》，查爾斯・巴克斯著，林超民譯，雲南人民出版社，1988 年。

【22】《唐令拾遺》，[日]仁井田陞著，栗勁、霍存福等編譯，長春出版社，1989 年。

【23】《漢唐文化與古代日本文化》，王金林著，天津人民出版社，1996 年。

【24】《中國史稿地圖集》，郭沫若主編，中國地圖出版社，1996 年。

【25】《中國俸祿制度史》，黃慧賢、陳鋒主編，武漢大學出版社，1996 年。

【26】《吐蕃王國的興衰》，薛宗正著，民族出版社，1997 年。

【27】《唐代歷史地理研究》，史念海著，中國社會科學出版社，1998 年。

【28】《唐代九姓胡與突厥文化》，蔡鴻生著，中華書局，1998 年。

【29】《隋唐史》，岑仲勉著，河北教育出版社，2000 年。

【30】《中華文明傳真》，劉煒主編，上海辭書出版社，2001 年。

【31】《中國歷史人文地理》，鄒逸麟主編，科學出版社，2001 年。

【32】《唐代長安與西域文明》，向達著，河北教育出版社，2001 年。

【33】《中國人口史》第二卷 "隋唐五代時期"，葛劍雄主編，凍國棟著，復旦大學出版社，2002 年。

【34】《二十世紀唐研究》，胡戟、張弓等主編，中國社會科學出版社，2002 年。

【35】《唐代地域結構與運作空間》，李孝聰主編，上海辭書出版社，2003 年。

【36】《中國通史》，白壽彝主編，上海人民出版社，2004 年。

【37】《唐代政治史述論稿》，陳寅恪著，生活·讀書·新知三聯書店，2004 年。

【38】《古代中國——東亞世界的內在交流》，韓昇主編，復旦大學出版社，2005 年。

【39】《隋唐五代史》，呂思勉著，上海古籍出版社，2005 年。

【40】《唐韻胡音與外來文明》，葛承雍著，中華書局，2006 年。

【41】《絲綢之路考古十五講》，林梅村著，北京大學出版社，2006 年。

【42】《中國古代經濟史稿》，李劍農著，武漢大學出版社，2006 年。

【43】《中西文化交流史》，沈福偉著，上海人民出版社，2006 年。

【44】《唐代交通圖考》，嚴耕望撰，上海古籍出版社，2007 年。

【45】《遣唐使眼裏的中國》，[日]古瀨奈津子著，鄭威譯，武漢大學出版社，2007 年。

【46】《東亞文化圈的形成與發展》，高明士編，華東師範大學出版社，2008 年。

【47】《中西交通史》，方豪著，上海人民出版社，2008 年。

【48】《唐史十二講》，寧欣等著，中國國際廣播出版社，2009 年。

【49】《文物中國史》，中國國家博物館編，中華書局，2009 年。

【50】《中國大百科全書》，《中國大百科全書》總編委會，中國大百科全書出版社，2009 年。

【51】《中國文化通史》，鄭師渠主編，北京師範大學出版社，2009 年。

【52】《印刷品設計與製作》，汪晟主編，清華大學出版社、北京交通大學出版社，2009 年。

【53】《北庭文化史研究》，薛宗正著，上海古籍出版社，2010 年。

【54】、《唐代藩鎮研究》，張國剛著，中國人民大學出版社，2010 年。

【55】《國史大綱》，錢穆著，商務印書館，2010 年。

【56】《府兵制度考釋》，谷霽光著，中華書局，2011 年。

【57】《古都西安》，賀從容編，清華大學出版社，2012 年。

【58】《女性與盛唐氣象》，葛承雍著，安徽人民出版社，2013 年。

【59】《絢爛的大帝國：隋唐時代》，[日]氣賀澤保規著，石曉軍譯，廣西師範大學出版社，2014 年。

【60】《中古中國與粟特文明》，榮新江著，生活·讀書·新知三聯書店，2014 年。

【61】《中國古代物質文化》，張機著，中華書局，2014 年。

BC 2100
BC 1900
BC 1700
BC 1500
BC 1300
BC 1100
BC 900
BC 700
BC 500
BC 300
BC 100
0
100
300
500
700
900
581—979
1100
1300
1500
1700
1900

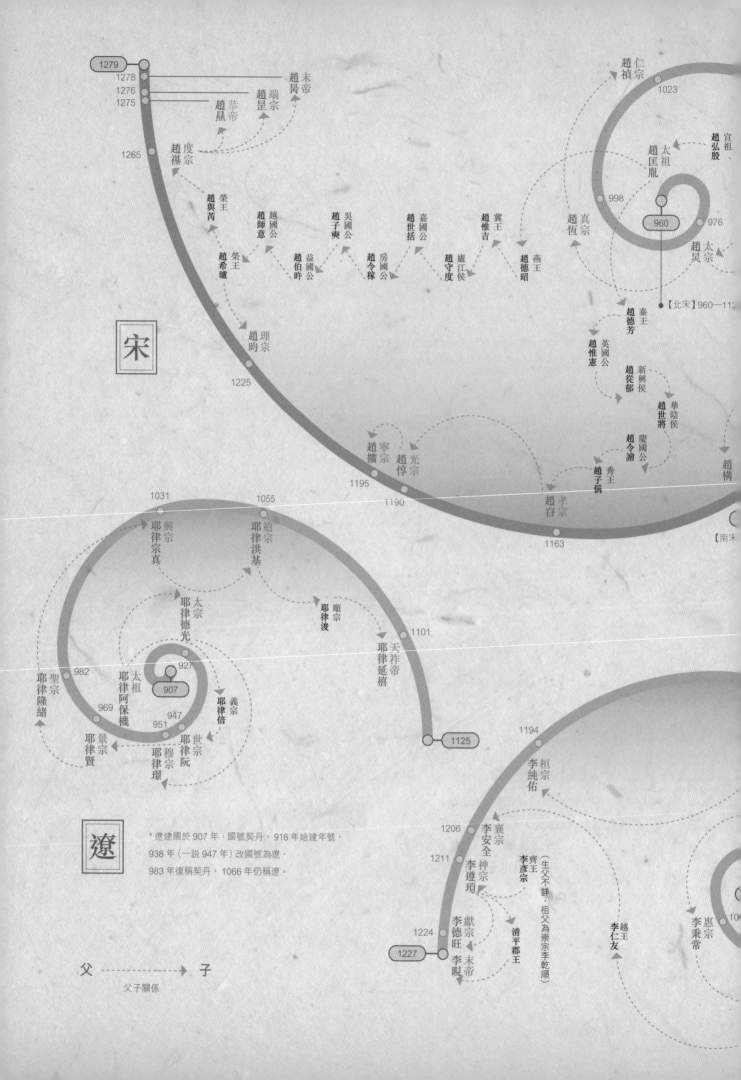

宋

遼

父 ----→ 子
父子關係

* 遼建國於 907 年，國號契丹，916 年始建年號，938 年（一說 947 年）改國號為遼，983 年復稱契丹，1066 年仍稱遼。

【北宋】960—11

【南宋

（生父不詳，祖父為崇宗李乾順）

遼宋西夏金

市井繁華

　　"遼宋西夏金"時期延續自五代以來的分裂，多民族政權並立局面，10至11世紀主要是北宋、遼、西夏鼎立，12至13世紀主要是南宋、金、西夏鼎立，歷史進入一個"大三國"時代。各政權間關係錯綜複雜、牽制權衡，既有和與戰的反復，也走向交往與共融。鄉村與城市，在開拓中富足，在開放中轉型；匠心與文脈，在巧思中精進，在創見中承續；人情與風物，在個性中靈動，在自信中張揚。中華文明多元一統，藉着愈加開闊的眼界和胸懷，揚帆萬里，擁抱世界。

英宗 趙曙 1064

神宗 趙頊 1068

哲宗 趙煦 1086

徽宗 趙佶 1101

金

章宗 完顏璟 1190

顯宗 完顏允恭

衛紹王 完顏永濟 1209

宣宗 完顏珣 1213

世祖 完顏劾里鉢

太宗 完顏晟 1123

世宗 完顏雍 1161

睿宗 完顏宗輔

太祖 完顏旻（阿骨打）1115

徽宗 完顏宗峻

哀宗 完顏守緒 1224

末帝 完顏承麟（世係不詳）

1234

海陵王 完顏亮

完顏宗幹

熙宗 完顏亶 1135

1149

西夏

*1032年元昊嗣夏王位，1034年始建年號，1038年稱帝，國名大夏，在漢籍中習稱西夏。

崇宗 李乾順

87

遼、北宋時期形勢圖
1111 年

黠戛斯

粘
八
葛
部

梅里

訛打剌

割
禄

黑汗

招州 維州

恒邏斯

北 阻卜 音

八剌沙袞 ⊙

西
州
回
鶻

北廷

烏茲根

龜茲

焉耆

高昌 ⊙

伊州

黑水城

疏勒

西 夏

鴉兒看

于闐

沙州

瓜州

肅州

宣化府

興慶府

西涼府

草
頭
韃
靼

黃頭回紇

卓囉城

河州

秦
鳳
路

泰州

布讓
亞澤

卓書特

吐蕃諸部

成
都
府
路

利 州

綿州

成都府

梓州

梓
州
路

茂州

石
門
蕃
部

瀘州

邏些城

匹播城

建昌府

會川府

羅
氏

羅
殿

羅
路

騰衝府

大理 ⊙

弄棟府

番闞府

石城郡

自杞

永昌府

威楚府

大 理

特磨道

盧

⊙ 上京 　 臨潢府	都城
中京道	高層政區
○ 北京 　 大名府	高層政區治所
● 蘇州	府、州、軍 重要城市
⌇⌇⌇	運河

1 京畿路　2 屬京西北路

遼天慶元年、北宋政和元年（1111年）

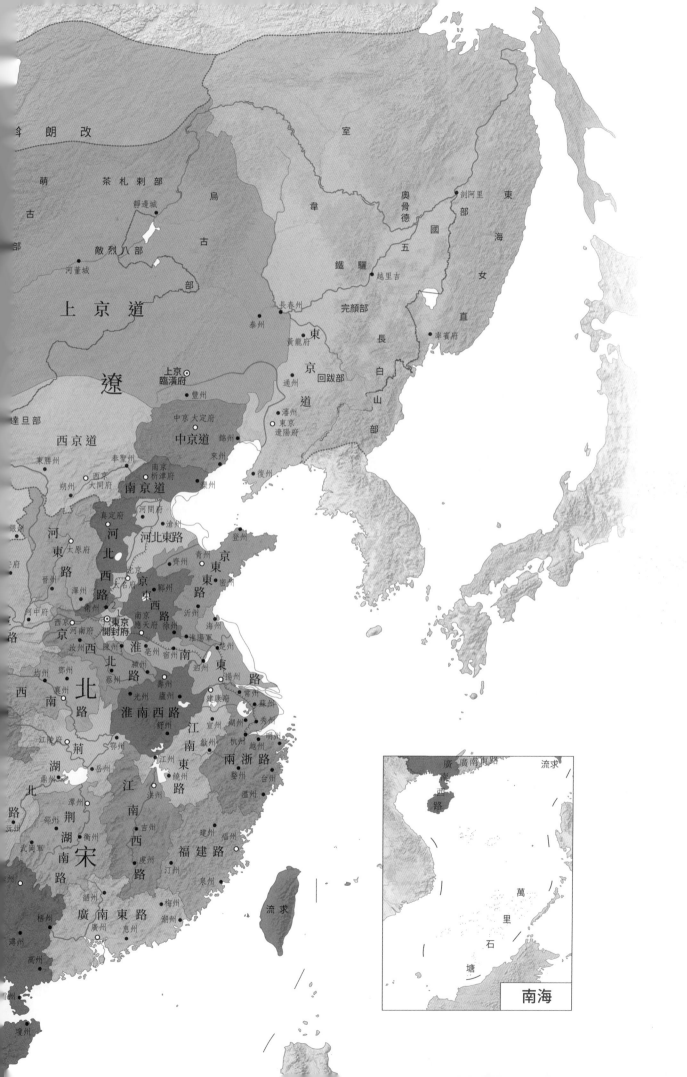

傘朗改

萌古部

茶札剌部

敵烈八部

河董城

烏古部

上京道

遼

達旦部

西京道

東勝州

朔州

西京大同府

奉聖州

南京道

靜邊城

泰州

長春州

黃龍府

東京道

通州

回跋部

室韋

鐵驪

越里吉

完顏部

奧骨德

五國

剖阿里

東部

女直

長白山部

東海

率賓府

中京道

豐州

中京大定府

錦州

宋州

潘州

東京遼陽府

復州

登州

河東路

太原府

晉州

澤州

河中府

西京

河南府

京

西京

開封商

東京

大名府

真定府

河間府

河北西路

河北東路

滄州

青州

齊州

京東東路

密州

海州

宋州

南京應天府

京東西路

鄆州

沂州

徐州

淮陽軍

越州

西北路

汝州

陳州

亳州

宿州

淮南東路

揚州

泗州

楚州

荊湖北路

南北路

江陵府

鄂州

荊州

岳州

鼎州

蔡州

光州

壽州

廬州

淮南西路

蘄州

建康府

蘇州

湖州

秀州

宣州

江南東路

江州

饒州

歙州

兩浙路

杭州

明州

越州

台州

溫州

荊湖南路

潭州

邵州

武岡軍

衡州

吉州

江南西路

撫州

建州

福州

福建路

汀州

泉州

宋

廣南東路

梅州

潮州

廣州

惠州

韶州

梧州

漳州

賀州

瓊州

流求

流求

南海

廣南東路

廣南西路

萬里石塘

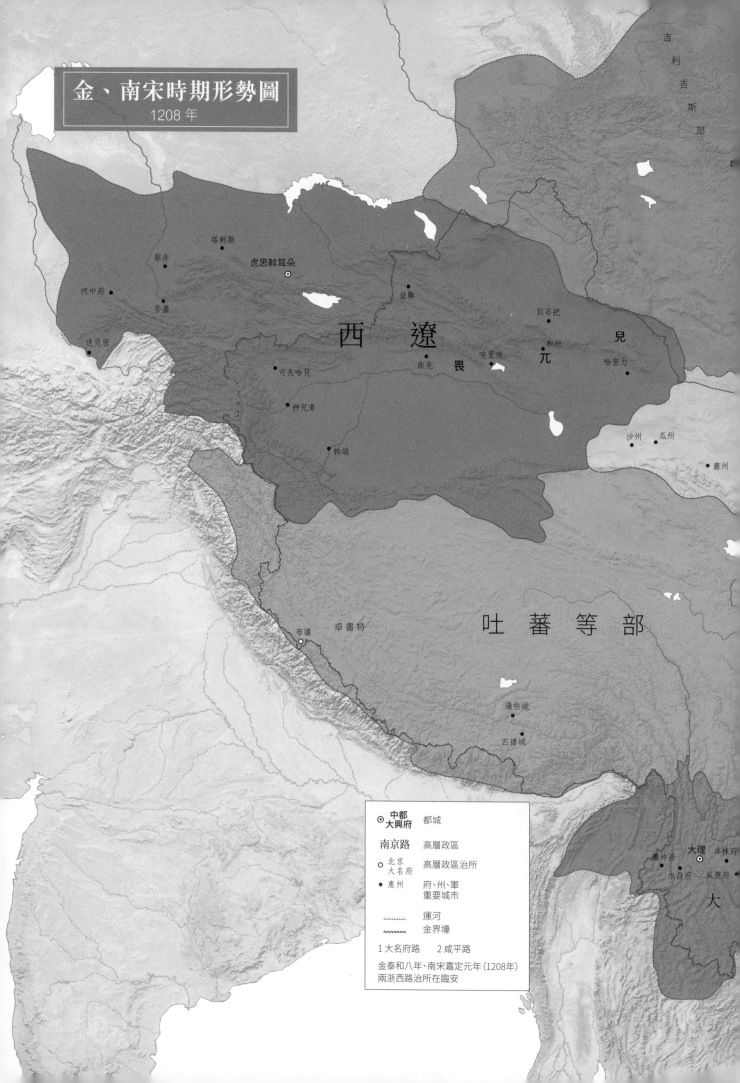

金、南宋時期形勢圖
1208 年

吉
利
吉
斯
部

塔剌斯

察赤

虎思斡耳朵 ⊙

河中府 •

苦盞

益離

別石把

和州 兒

元

曲先 畏 唆里迷

哈密力

送兒密

西　遼

可失哈兒

押兒牽

沙州　瓜州

幹端

肅州

卓書特

布讓 ⊙

吐　蕃　等　部

邏些城

匹播城

騰沖府　大理

永昌府　威楚府 ⊙

弄棟府

大

⊙ 中都 大興府	都城
南京路	高層政區
○ 北京 大名府	高層政區治所
• 惠州	府、州、軍 重要城市

〜〜〜〜 運河

〜〜〜〜 金界壕

1 大名府路　2 咸平路

金泰和八年、南宋嘉定元年（1208 年）
兩浙西路治所在臨安

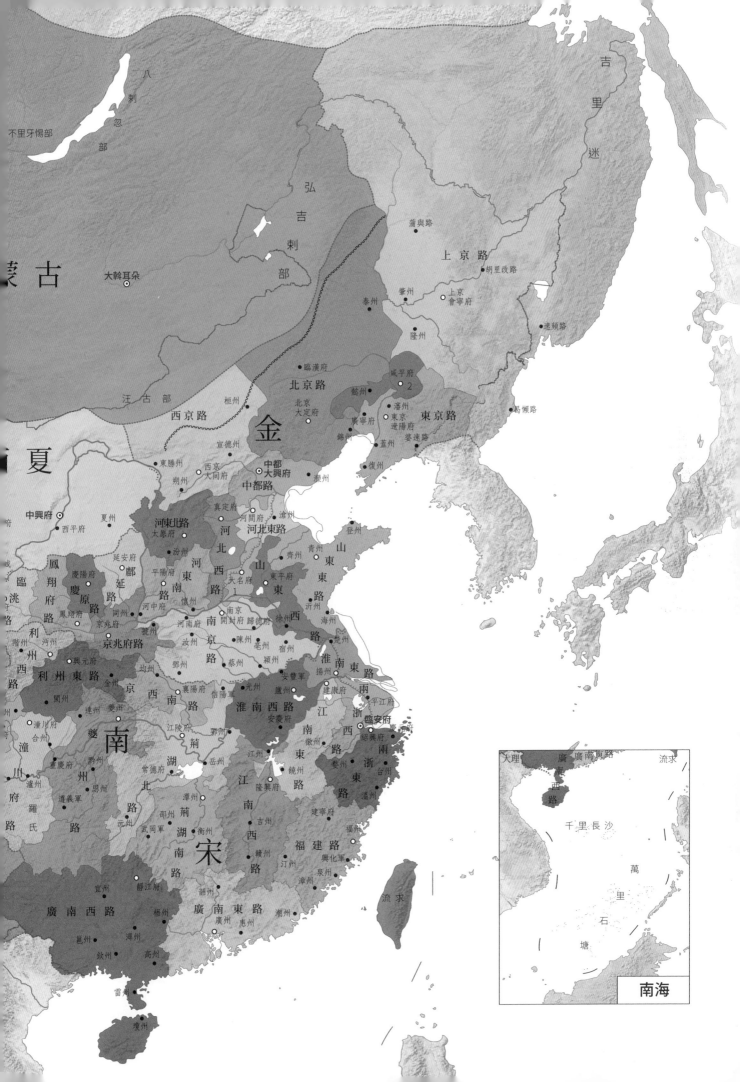

朝野雜記：並立與制衡

◎ 遊牧豪情：四時捺缽與五京　　◎ 祖宗之法：政通人和百廢興

◎ 武林舊事：鐵馬冰河入夢來　　◎ 太平日錄：番漢互市罷征戎

　　從 10 世紀開始，中國逐漸形成了新的格局。漢族建立的宋王朝統治着黃河中下游直至南海地區，至南宋時偏安江淮以南。北方的契丹、党項和女真族先後建立了遼、西夏和金政權，西南則有吐蕃和大理。三百餘年間，雖處於歷史中國地域範圍內的"大三國"分裂時期，戰亂不絕，但各民族間的交流持續不斷。

　　契丹原屬東胡鮮卑，世居潢水（今西拉木倫河）和土河（今老哈河）流域。916 年，契丹首領耶律阿保機仿漢制置百官，建立契丹國（後改國號為"遼"）。極盛時，遼疆域

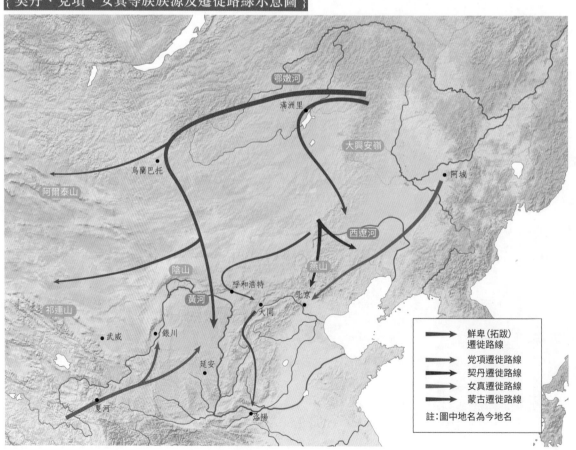

{ 契丹、党項、女真等族族源及遷徙路線示意圖 }

鮮卑（拓跋）遷徙路線
党項遷徙路線
契丹遷徙路線
女真遷徙路線
蒙古遷徙路線
註：圖中地名為今地名

{ 金代楊微繪《二駿圖》(局部) }

圖繪女真族牧馬者套馴駿馬的情景，遊牧民族形象細節鮮明

南據燕雲，北至外興安嶺，東臨日本海，西近阿爾泰山。契丹本是遊牧民族，"畜牧畋漁以食，皮毛以衣，轉徙隨時，車馬為家"。但在保持民族性的同時，契丹人又充分吸收周邊其他民族和國家的文化，融匯眾長，創造出自己的文化特色。契丹人熱愛繪畫，喜好金銀，創造了契丹大字和小字，廣建佛寺和佛塔，使遼代文化頗為昌盛。其軍事影響更是遠懾西域，以致中亞、西亞與東歐等地區一度將契丹視為中國的代稱，至今俄語仍以"契丹"（Китай）指稱中國。

党項是羌族的一支，原居四川西部，唐朝時遷居陝北。1038 年，党項人李元昊稱帝，以"大夏"為國號，史稱"西夏"，統治範圍在今寧夏、甘肅西北部、青海東北部、內蒙古以及陝西北部的部分地區，東有今陝北，西至玉門，南接蕭關，北控大漠。西夏深受漢族河隴文化及吐蕃、回鶻文化的影

{ 西夏王陵鳥瞰圖 }

BC 2100

BC 1900

BC 1700

BC 1500

BC 1300

BC 1100

BC 900

BC 700

BC 500

BC 300

BC 100

0

100

300

500

700

900

907—1279

1100

1300

1500

1700

1900

{ 遼人髡髮圖 / 西夏供佛童子圖 / 蒙古辮髮陶俑 }

契丹、党項、女真、蒙古這四個民族，都與歷史上的東胡人
有着千絲萬縷的聯係

{ 遼、北宋、南宋、西夏、金、大理
各政權版圖面積對比 }

單位：萬平方千米

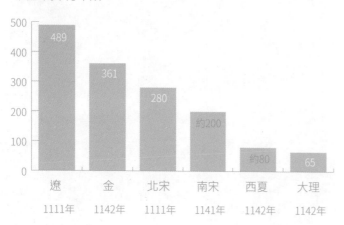

響，積極吸收漢族文化及其典章制度，仿效北宋建立了一整套官制和兵制，逐漸走向普遍漢化。作為一個佛教王國，西夏興建了大量佛塔與佛寺，繪製了精美的石窟壁畫。

女真族原為遼朝臣屬，1114 年，完顏阿骨打領導女真諸部起兵反遼，於翌年在會寧府（今哈爾濱阿城區）稱帝建元，國號 "大金"。金朝鼎盛時期統治疆域包括今天的淮河、秦嶺以北的中原與東北大部分地區和俄羅斯聯邦的遠東地區。金朝初期採取貴族合議的勃極烈制度與軍民合一的猛安謀克制，部落性質濃厚。後來在政治、經濟與文化等方面漸趨漢化。

遊牧豪情：四時捺缽與五京

　　契丹人建國後雖然設立了五京，但皇族仍保持四時轉徙、漁獵騎射的民族傳統，"秋冬違寒，春夏避暑，隨水草就畋漁"，其臨時駐地稱為"捺缽"。遼聖宗以後，"四時捺缽"有了相對固定的場所。皇帝在捺缽逗留的時間長短不定，長者兩月左右，短者一月不到。每年在冬夏捺缽舉行北南大臣會議，商討國事，這時捺缽便成為政治活動的中心。

　　遼朝官分南北，因俗而治，"以國制治契丹，以漢制待漢人"。治理漢人與舊渤海國人的官署位於皇帝行宮的南面，稱南面官，仿唐制設三省六部，官吏亦多用漢人。治理契丹的官署位於皇帝行宮的北面，稱北面官，官員主要由契丹貴族擔任，地位較南面官高，管理宮帳、部族、屬國之事。

　　"勃極烈"女真語意為"管理眾人"，漢

{ 遼代四時捺缽示意圖 }

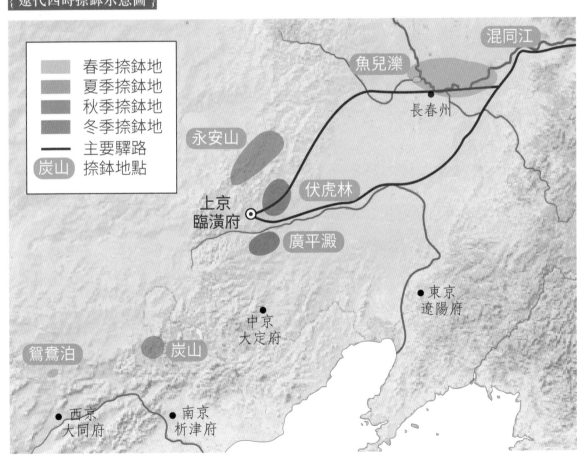

春季捺缽地
夏季捺缽地
秋季捺缽地
冬季捺缽地
主要驛路
炭山　捺缽地點

混同江
魚兒濼
長春州
永安山
伏虎林
上京
臨潢府
廣平澱
東京
遼陽府
中京
大定府
鴛鴦泊　炭山
西京
大同府　南京
析津府

BC 2100
BC 1900
BC 1700
BC 1500
BC 1300
BC 1100
BC 900
BC 700
BC 500
BC 300
BC 100
0
100
300
500
700
900
907—1279
1100
1300
1500
1700
1900

譯即"官員"。金初，完顏阿骨打將女真族當時由都勃極烈、國相、各勃極烈參與的氏族議事會，改組為皇帝和少數核心官員參與的"勃極烈"制度。這一制度獨具民族特色，意在對重大問題進行集體決策。雖然是以皇帝為首組成中央最高決策機構，掌握軍國大權，但皇帝的權力受到核心官員的牽制。

在遼的地方行政區劃中，還有一種"頭下軍州"。這種州具有私屬性質，都是遼的親貴、外戚、大臣和所屬部族首領立有戰功的人，以其所分得的或所俘獲的人口設置的，享有一定自治。而金初即以三百戶組成一個謀克，十謀克組成一猛安，平時畋漁射獵，戰時應徵出戰。金人南下後，猛安謀克徙入中原內地，創行屯田軍。頭下軍州與猛安謀克，都是具有民族特點的治理模式。

遼、金仿效渤海國，在都城建置上採用"五京制"。五座都城中，有些是新建的，有些是在原城市的基礎上改建的。遼朝於938年至1044年間先後設上京臨潢府、東京遼陽府、南京析津府、中京大定府和西京大同府，稱遼五京；金初以上京會寧府為政治中心，世宗時與東京遼陽府、北京大定府、西京大同府和南京開封府並為金五京。公元1153年，海陵王遷都燕京，改燕京為中都大興府。北宋王朝亦有四京，即東京開封府（今河南開封）、西京河南府（今河南洛陽）、南京應天府（今河南商丘）、北京大名府（今河北大名）。

{ 遼朝中央集權的兵制體系 }

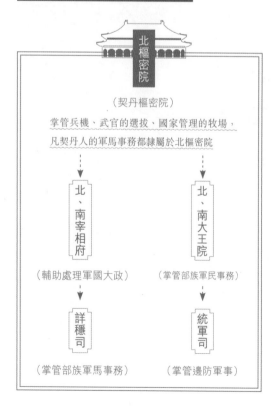

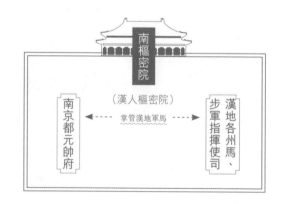

{ 遼中京遺址 }
遼中京大定府位於內蒙赤峰
寧城縣一帶，現存大明塔、小
塔、石獅、城墻殘跡。當時，
城內建造有"大同驛"接待宋
朝使節

{ 遼、北宋、金的都城、帝陵分佈示意圖 }

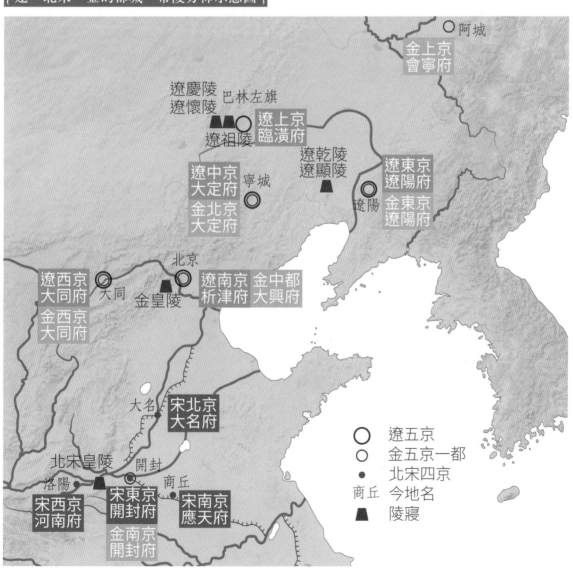

阿城
金上京
會寧府

遼慶陵　巴林左旗
遼懷陵
遼上京
臨潢府
遼祖陵

遼乾陵
遼顯陵

遼東京
遼陽府
遼中京　寧城　金東京
大定府　　　遼陽
金北京　遼陽
大定府

北京
遼西京　　遼南京　金中都
大同府　大同　析津府　大興府
金皇陵
金西京
大同府

大名
宋北京
大名府

○ 遼五京
◯ 金五京一都
• 北宋四京
商丘 今地名
▲ 陵寢

北宋皇陵　開封
洛陽　　商丘
宋西京　宋東京
河南府　開封府　宋南京
金南京　應天府
開封府

089

BC 2100
BC 1900
BC 1700
BC 1500
BC 1300
BC 1100
BC 900
BC 700
BC 500
BC 300
BC 100
0
100
300
500
700
900
907–1279
1100
1300
1500
1700
1900

{ 南宋陳居中（傳）《胡騎春獵圖》團扇 }

騎射圍獵是契丹、女真等遊牧民族的習俗。立國定居以後，
其統治者仍在一定程度上保持了這一傳統

{ 遼、金、元、明、清北京城位置示意圖 }

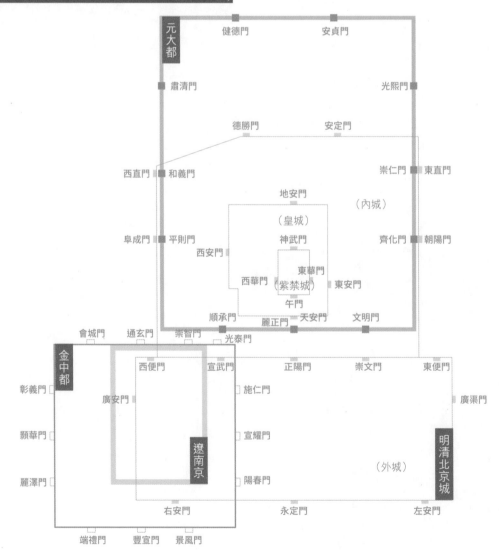

祖宗之法：政通人和百廢興

宋朝統治者為防止藩鎮割據及大臣、外戚、宗室等的擅權，同時為抵禦遼、西夏等國的侵擾，採取了一系列加強中央集權的措施，包括了職官、軍事、科舉、法律等方面（如"杯酒釋兵權"等），把政治、軍事、財政大權最大限度地集中到朝廷，其核心和要害正如宋太宗所說"事為之防，曲為之制"。同時，宋太祖制定了"重文輕武"的基本國策，"重文教、輕武事"也一直為後世宋朝君王所奉行。

北宋軍隊實行更戍法，禁軍定期更換駐地，統兵將領不隨軍調動，"兵無常帥，帥無常師"。各地方軍的精壯之士都選入禁軍，禁軍的半數拱衛京師，另一半駐守各地，以達到"強幹弱枝"、"內外相制"的目的。

北宋中期，為穩固統治，調和社會矛盾與民族紛爭，一些士大夫開始領導新政與變法運動，在政治、經濟、軍事等方面有所更張。范仲淹主導的慶曆新政，提出明黜陟、抑僥倖、精貢舉、擇官長等十項以整頓吏治為中心的改革主張；王安石在變法期間，推行了富國、強兵、取士的新方略。

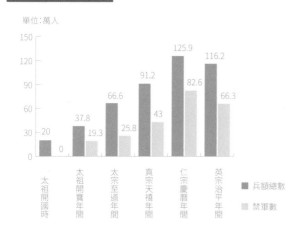

{ 北宋禁軍數量 }

單位：萬人

（圖表數據：
太祖開國時：兵額總數 20，禁軍數 0
太祖開寶年間：兵額總數 37.8，禁軍數 19.3
太宗至道年間：兵額總數 66.6，禁軍數 25.8
真宗天禧年間：兵額總數 91.2，禁軍數 43
仁宗慶曆年間：兵額總數 125.9，禁軍數 82.6
英宗治平年間：兵額總數 116.2，禁軍數 66.3）

■ 兵額總數　■ 禁軍數

{ "神衛左第四軍第二指揮第五都記"青銅印 }

"神衛"是宋禁軍主力部隊之一，"都"是禁軍基層編制，此印為"神衛"左廂所轄第四軍第二指揮第五都的印信

{ 北宋皇陵文官石像 }

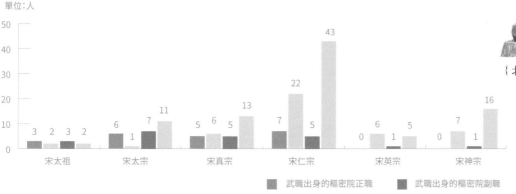

{ 宋太祖至宋神宗朝樞密院正副職出身統計 }

單位：人

（圖表數據：
宋太祖：3、2、3、2
宋太宗：6、1、7、11
宋真宗：5、6、5、13
宋仁宗：7、22、5、43
宋英宗：0、6、1、5
宋神宗：0、7、1、16）

■ 武職出身的樞密院正職　■ 武職出身的樞密院副職
□ 文職出身的樞密院正職　■ 文職出身的樞密院副職

BC 2100
BC 1900
BC 1700
BC 1500
BC 1300
BC 1100
BC 900
BC 700
BC 500
BC 300
BC 100
0
100
300
500
700
900
907—1279
1100
1300
1500
1700
1900

{ 北宋前期中央官制簡圖 }

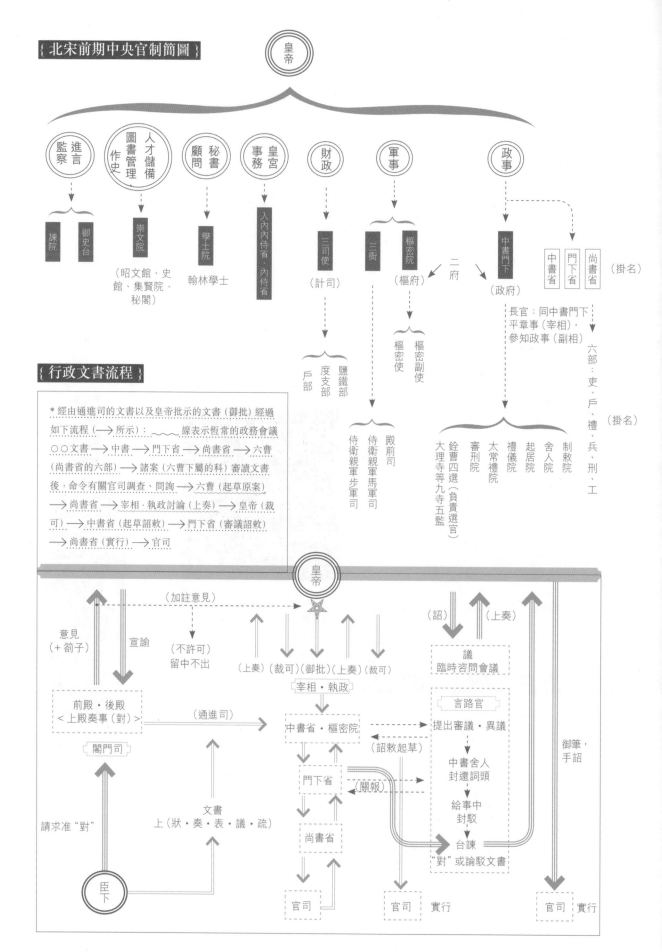

{ 行政文書流程 }

* 經由通進司的文書以及皇帝批示的文書（御批）經過如下流程（⟶ 所示）：〜〜〜 線表示恆常的政務會議

○○文書 ⟶ 中書 ⟶ 門下省 ⟶ 尚書省 ⟶ 六曹（尚書省的六部）⟶ 諸案（六曹下屬的科）審讀文書後，命令有關官司調查、問詢 ⟶ 六曹（起草原案）⟶ 尚書省 ⟶ 宰相・執政討論（上奏）⟶ 皇帝（裁可）⟶ 中書省（起草詔敕）⟶ 門下省（審議詔敕）⟶ 尚書省（實行）⟶ 官司

{ 王安石變法內容 }

（時間）

熙寧二年

（1069 年）2 月 — 宋神宗正式任命王安石為參知政事，負責變法事宜。設立制置三司條例司，統籌財政；遣三司察諸路農田、水利、賦役情況

6 月 — 設立編修中書條例司，計劃對官制進行改革

7 月 — 均輸法，設立發運使，掌握東南六路生產情況和政府與宮廷的需求情況，按照"從貴就賤，用近易遠"的原則，統一收購和運輸

9 月 — 青苗法，政府以20% 的利率向農民、城市手工業者放貸

熙寧四年

2 月 — 改革科舉制度，廢除明經科，進士科的考試則以經義和策論為主，後又增設明法科

（1071 年）

12 月 — 保甲法，農村住戶每十家組成一保，五保為一大保，十大保為一都保。農閒時集合保丁，進行軍訓；夜間輪差巡查，維持治安

熙寧三年

（1070 年）

11 月 — 農田水利法，鼓勵各地開墾廢田，興修水利，治理河道

熙寧五年

10 月 — 募役法，衙前各差遣不再由民戶服役，改向官府交錢，由官府僱人充役

（1072 年）3 月 — 市易法，設市易司或市易務，平價收購市上滯銷的貨物，市場短缺時再賣出。並允許商賈貸款或賒貨，按規定收取息金

5 月 — 保馬法試行，規定河北、河東、陝西、京東西五路及開封府界諸縣保甲養馬。養馬戶可減免部分賦稅

熙寧六年

8 月 — 設軍器監，負責監督製造武器；招募工匠，致力改良武器

6 月 — 實行將兵法，廢除北宋初年定立的更戍法，把各路的駐軍分為若干單位，每單位置將與副將各一人，專門負責本單位軍隊的訓練，以提高軍隊素質

（1073 年）

8 月 — 方田均稅法，"方田"是每年九月由知縣舉辦土地丈量，按土地肥瘠定為五等，"均稅"是以"方田"丈量的結果為依據，制定稅數

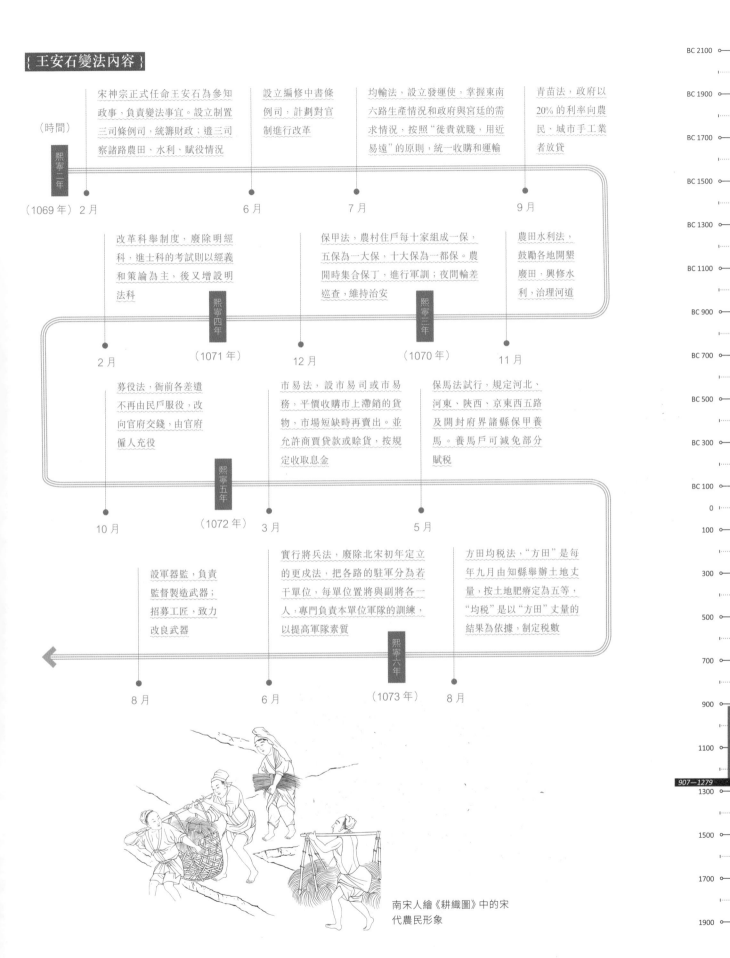

南宋人繪《耕織圖》中的宋代農民形象

BC 2100
BC 1900
BC 1700
BC 1500
BC 1300
BC 1100
BC 900
BC 700
BC 500
BC 300
BC 100
0
100
300
500
700
900
1100
907—1279
1300
1500
1700
1900

武林舊事：鐵馬冰河入夢來

自後晉時燕雲十六州割讓給契丹以後，中原失去了與北方遊牧民族之間的天然屏障和人工防線，而契丹南下之後，也開始從單純的遊牧民族，向遊牧與農耕相交雜的民族過渡。

太平興國四年（979年），宋太宗在滅亡北漢後，親征幽州，試圖一舉收復燕雲地區，宋遼兩軍在高梁河（今北京西直門外）展開激戰，宋軍大敗，宋太宗也中箭負傷。之後北宋與遼進行了長期的戰爭，一直未能收復失地。景德元年（1004年），遼國主政的蕭太后和遼聖宗率大軍南下侵宋，宋真宗親至澶州（澶淵郡，今河南濮陽）督戰，最終，兩國在澶州定下了停戰和議，史稱"澶淵之盟"。之後宋遼邊境長期處於相對穩定的狀態。

宋遼對峙時期，宋政府積極聯合党項防遼。澶淵之盟簽訂的次年，党項採用"倚遼和宋"的政策，向宋臣服，換得宋朝大量"歲賜"，全力經營河西走廊，勢力迅速壯大。北宋、遼、西夏成三足鼎立之勢，互相牽制。金滅遼及北宋後，南宋、金與西夏間亦存在着並立與制衡的關係。

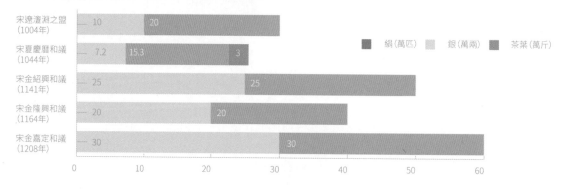

{ 宋朝五次和議的歲幣數量及所佔比例 }

絹（萬匹）　銀（萬兩）　茶葉（萬斤）

	絹（萬匹）	銀（萬兩）	茶葉（萬斤）
宋遼澶淵之盟（1004年）	10	20	
宋夏慶曆和議（1044年）	7.2	15.3	3
宋金紹興和議（1141年）	25	25	
宋金隆興和議（1164年）	20	20	
宋金嘉定和議（1208年）	30	30	

{ 雁門關 }

北宋喪失了燕雲十六州的天然屏障，只好加強關隘守備以應對遼、金鐵騎。位於今山西代縣的雁門關就是其一

宋朝君臣苟安求和，實行了"歲幣政策"，每年向遼、西夏、金等朝輸送定額的財賦（包括金銀、絹帛和茶葉等），以換取短暫的和平。

戰爭因素同樣催生了這一時期武器裝備、攻守器械的改良和革新。火器廣泛運用於戰爭，一定程度上改變了昔日冷兵器拼殺的戰爭形態。防禦者根據戰爭形勢，更多地在築城技術、城防體系、守城戰法上推陳出新。宋仁宗時編纂《武經總要》一書，詳盡記述了北宋時期軍隊使用的各種冷兵器、火器、戰船等器械，並附有兵器和營陣方面的大量圖像。

{ 北宋北伐與澶淵之盟示意圖 }

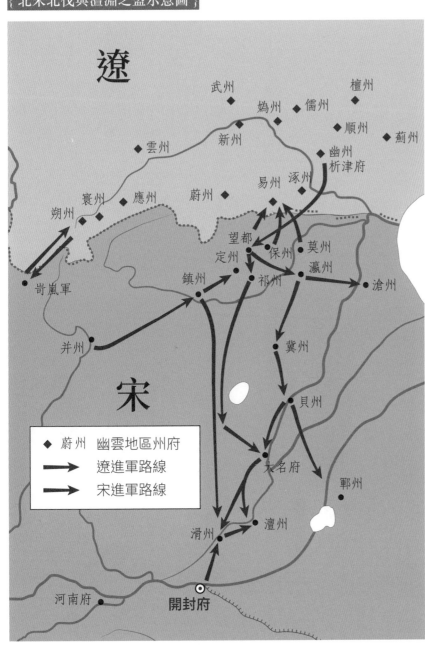

遼

武州　媯州　儒州　檀州
　　　　　　順州　薊州
雲州　新州
　　　　　　幽州
　　　　　　析津府
寰州　應州　蔚州　易州　涿州
朔州
　　　　　望都　保州　莫州
　　　　　定州　　　瀛州　滄州
岢嵐軍　　鎮州　祁州
并州
宋
　　　　　　　　冀州
　　　　　　　貝州

◆ 蔚州　幽雲地區州府
→ 遼進軍路線
→ 宋進軍路線

大名府
鄆州
滑州　澶州
河南府
開封府

{ 北宋皇陵武士石像 }

BC 2100
BC 1900
BC 1700
BC 1500
BC 1300
BC 1100
BC 900
BC 700
BC 500
BC 300
BC 100
0
100
300
500
700
900
907—1279
1100
1300
1500
1700
1900

{《武經總要》中描繪的武備器械}

兵器

鐵鞭　蒜頭　蒺藜　棹刀　戟刀　掩月刀

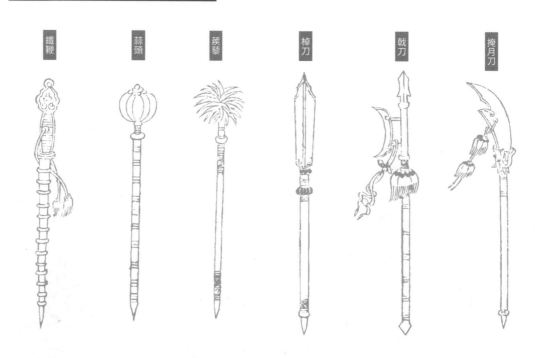

弓箭弩

斗子箭　果漆弩　果漆弓　三弓臥子弩　弓箭葫蘆

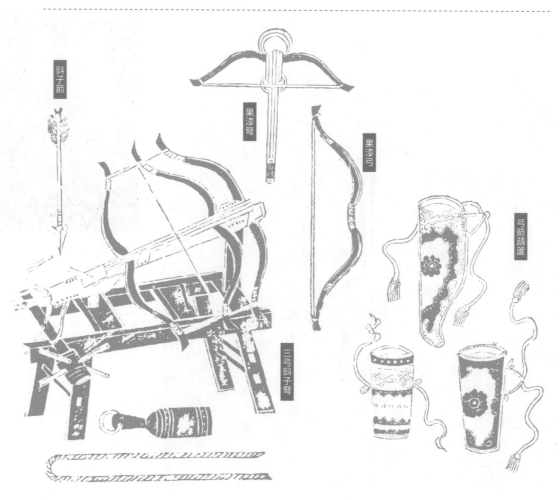

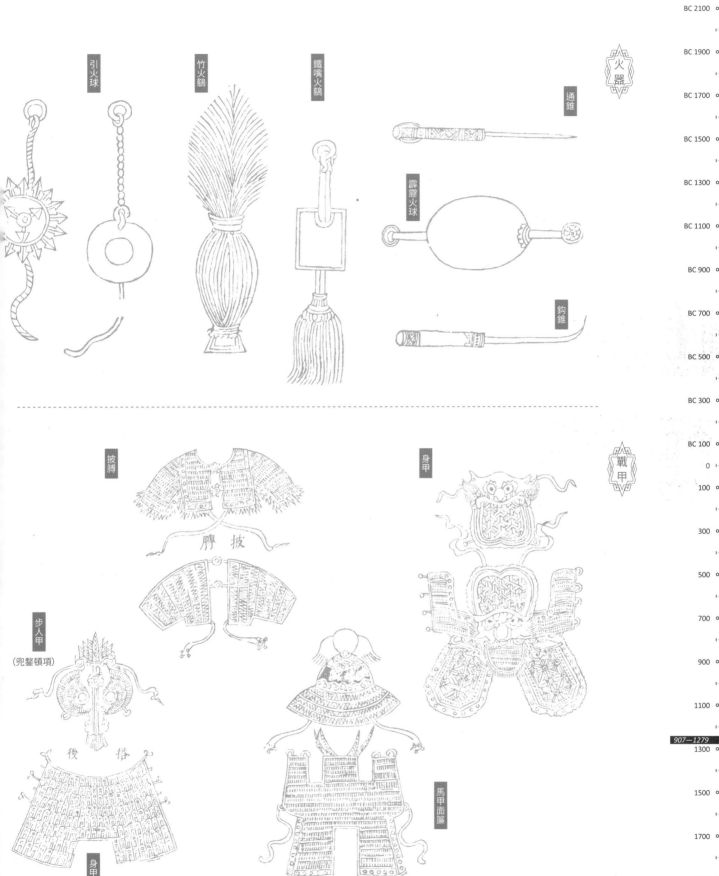

火器

引火球

竹火鷂

鐵嘴火鷂

通錐

霹靂火球

鈎錐

戰甲

披膊

膊披

身甲

步人甲

(兜鍪頓項)

後搭

身甲

馬甲面簾

BC 2100

BC 1900

BC 1700

BC 1500

BC 1300

BC 1100

BC 900

BC 700

BC 500

BC 300

BC 100

0

100

300

500

700

900

907—1279

1300

1500

1700

1900

戰車

虎車

行天橋

攻城器械

巷戰車

木幔

戰船

樓船

海鶻

太平日錄：番漢互市罷征戎

我國古代在官府監督控制之下進行的國家或民族之間的貿易往來稱之為"互市"。遼宋西夏金時期，互市是民族間貿易的一種主要形式，各國大都在邊境地區開設互市場所。如契丹在高昌設有榷務；北宋在保安軍等地開設榷場與西夏進行貿易；"澶淵之盟"後，北宋設立雄州、霸州、安肅軍、廣信軍四處榷場與遼互市。中原及江南地區向北方輸出的主要是農產品、手工業製品以及海外香藥之類。遼、金、西夏地區輸往南方的商品則有牲畜、皮貨、藥材、珠玉、青白鹽等。互市不僅使雙方取得了各自所需的政治、經濟利益，也保持了邊界的和平安定。

邊疆少數民族以畜牧為業，以肉、乳為食，茶葉可起到"滋飯蔬之精素，攻肉食之羶膩"的功效，所以有"不可一日無茶以生"之說，上至貴族，下至庶民，無不飲者。宋朝在北方地區的持續征戰，使得戰馬的需求量大增。而茶葉生產的大發展，為朝廷開拓茶馬互市貿易提供了物質基礎。因此，茶馬貿易成了雙方的共同選擇。北宋設茶馬司，於今晉、陝、甘、川等地廣開馬市，大量換取吐蕃、回紇、党項等族的優良馬匹，"掌榷茶之利，以佐邦用；凡市馬於四夷，率以茶易之"。茶馬互市，擴大了茶和馬的市場，同時也帶動了其他商品的交換，高寒草原地區的牛、羊、獸皮、藥材和其他農副土特產大量流入漢族地區，而漢族地區的絹、布、陶瓷等其他手工業品和農副土特產也大量進入少數民族地區。

"澶淵之盟"訂立後，宋遼約為兄弟之國，通使殷勤，禮尚往來，百餘年間不再有大規模的戰事。雙方互派使者慶賀帝后生辰、新年正旦；遼朝發生饑荒時，宋朝會派人賑濟；當遼聖宗得知宋真宗駕崩的消息時，"集番漢大臣舉哀，后妃以下皆為沾涕"。使者交聘廣泛發生於遼宋西夏金時期各民族政權間，為彼此雙方在和平穩定、物資往來、文化傳播方面作出了貢獻。

{ 遼代磁州窯纏枝花紋瓶 }
吸收了宋瓷技術的遼代的瓷器

{《景德四圖·契丹使朝聘》（局部）}

BC 2100
BC 1900
BC 1700
BC 1500
BC 1300
BC 1100
BC 900
BC 700
BC 500
BC 300
BC 100
0
100
300
500
700
900
1100
907—1279
1300
1500
1700
1900

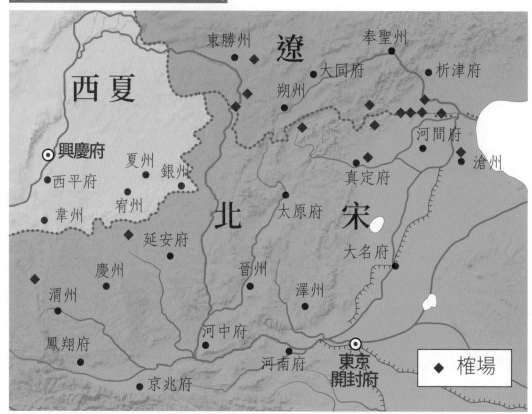

{北宋、遼、西夏榷場分佈示意圖}

西夏

遼

興慶府

東勝州

奉聖州

大同府

析津府

朔州

夏州

銀州

河間府

西平府

宥州

滄州

韋州

真定府

北

太原府

宋

慶州

延安府

晉州

大名府

渭州

澤州

鳳翔府

河中府

京兆府

河南府

東京
開封府

◆ 榷場

{南宋、金、西夏榷場分佈示意圖}

西夏

東勝州

中都
大興府

中興府

大同府

夏州

西涼府

太原府

河間府

金

西平府

平陽府

青州

卓囉城

延安府

大名府

東平府

臨洮府

慶陽府

◆ 榷場

鳳翔府

開封府

楚州

興元府

鄧州

蔡州

潁州

建康府

安豐軍

成都府

襄陽府

光州

南

宋

臨安府

{ 榷場形制示意圖 }

{ 南宋盱眙榷場管理制度表 }

交易時間	五天一次（紹興二十九年前是每天一次）
管理者	實際支配榷場的是知州，榷場設主管官員兩名
管理措施	商人先要領取許可證，經主管官員檢查貨物，按照市場價格估價，收取各種費用，每貫共四十四文
稅率	每交易千錢，宋金雙方各收 5% 作為息錢

{ 金楊邦基（傳）《聘金圖》卷（局部）}

據傳為金朝畫家楊邦基所繪，表現的是南宋使臣出使金朝的情形

BC 2100
BC 1900
BC 1700
BC 1500
BC 1300
BC 1100
BC 900
BC 700
BC 500
BC 300
BC 100
0
100
300
500
700
900
1100
907—1279
1300
1500
1700
1900

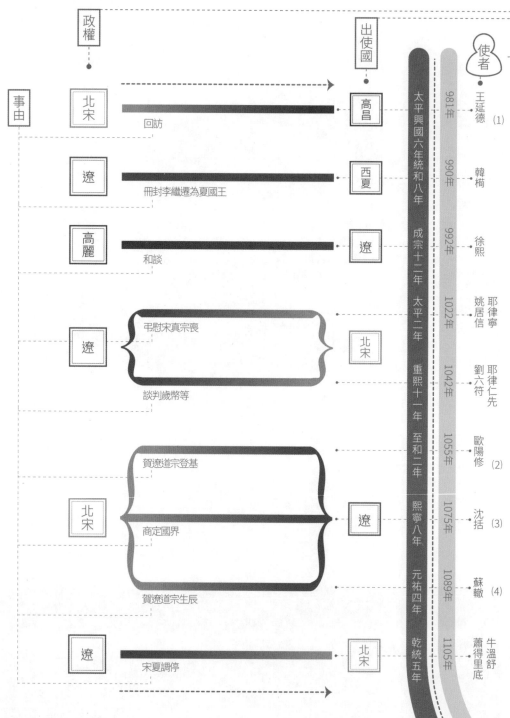

{ 遼宋西夏金時期各國使者交聘舉要 }

政權

出使國

使者

事由

	北宋		高昌	太平興國六年統和八年	981年	王延德 (1)
		回訪				
	遼		西夏	990年		韓杞
		冊封李繼遷為夏國王				
	高麗		遼	成宗十二年	992年	徐熙
		和談				

遼 ｜ 北宋　太平二年　1022年　耶律寧／姚居信

弔慰宋真宗喪

談判歲幣等　重熙十一年　1042年　耶律仁先／劉六符

北宋 ｜ 遼

賀遼道宗登基　至和二年　1055年　歐陽修 (2)

商定國界　熙寧八年　1075年　沈括 (3)

賀遼道宗生辰　元祐四年　1089年　蘇轍 (4)

遼 ｜ 北宋　乾統五年　1105年　牛溫舒／蕭得里底

宋夏調停

*出使的原因主要有以下幾個：

1. 向鄰邦祝賀新年正旦（賀節慶）

2. 慶祝鄰邦皇帝、皇后、皇太后生辰（祝壽）

3. 祝賀鄰邦皇帝登基（賀登基）

4. 將本國皇帝駕崩的消息告知鄰邦（告哀）

5. 鄰邦皇帝、皇后駕崩時遣使祭奠、弔慰（祭奠、弔慰）

6. 締結盟約（會盟）

7. 請求和議（議和）

8. 通信，傳達

9. 禮贈，納貢

10. 答謝、回訪

11. 伴送，陪同

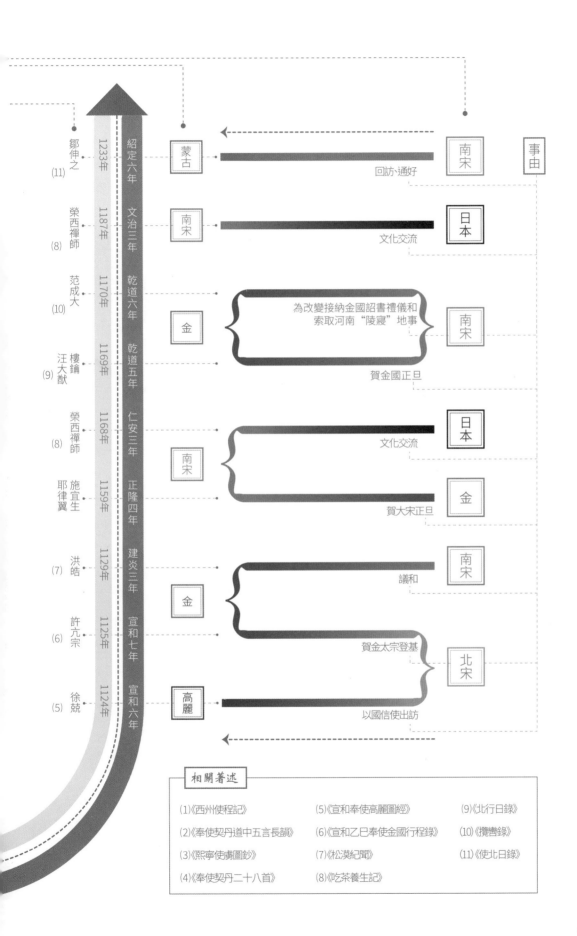

相關著述

(1)《西州使程記》　　　(5)《宣和奉使高麗圖經》　　(9)《北行日錄》

(2)《奉使契丹道中五言長韻》　(6)《宣和乙巳奉使金國行程錄》　(10)《攬轡錄》

(3)《熙寧使虜圖鈔》　　(7)《松漠紀聞》　　　(11)《使北日錄》

(4)《奉使契丹二十八首》　(8)《吃茶養生記》

貳 江南繁盛：開發與繁榮

◎ 齊民之術：蘇湖一熟天下足　◎ 匠人之技：溫溫玉色照瓷甌

◎ 往聖之學：為有源頭活水來

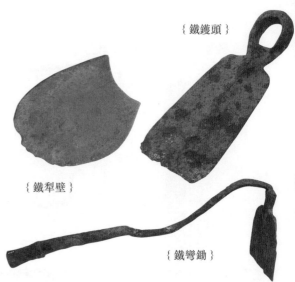

{鐵鑊頭}

{鐵犁壁}

{鐵彎鋤}

農業是經濟發展的基石。這一時期，商業和城市的發展都依賴於農業的支持。兩宋政府興修水利，推廣先進的耕作技術，積極開發荒地水田，使糧食產量遠超前代，經濟重心也逐漸轉移到南方。手工業技術精進，瓷器燒造盛極一時，冶煉紡織甚為發達。知識的傳播與寬鬆的氛圍，催生一代文學思想藝術聖賢，中華文明也迎來科學的繁盛時代。

齊民之術：蘇湖一熟天下足

宋代農具不但數量大、質量好，而且品種多。鐵製犁鏵已經多樣化，主要有尖頭、圓頭兩種，適用於耕作不同的土壤。碎土疏土用的鐵耙，安裝在耬車車腳上的鐵鏵，除草用的彎鋤，在北宋中原和華北地區已普遍使用，說明耕作程序增多，農民也更注重精耕細作。鐵耙、鍘刀、鐮刀等形制也有改進，更加輕巧耐用。戽水灌田的龍骨翻車，有全用腳踏和用牛拉的兩種，已為南方農民普遍使用。南方山田的大量墾闢，則是使用了高轉筒車，依靠水力推動引水上山。其

高轉筒車

{高轉筒車}

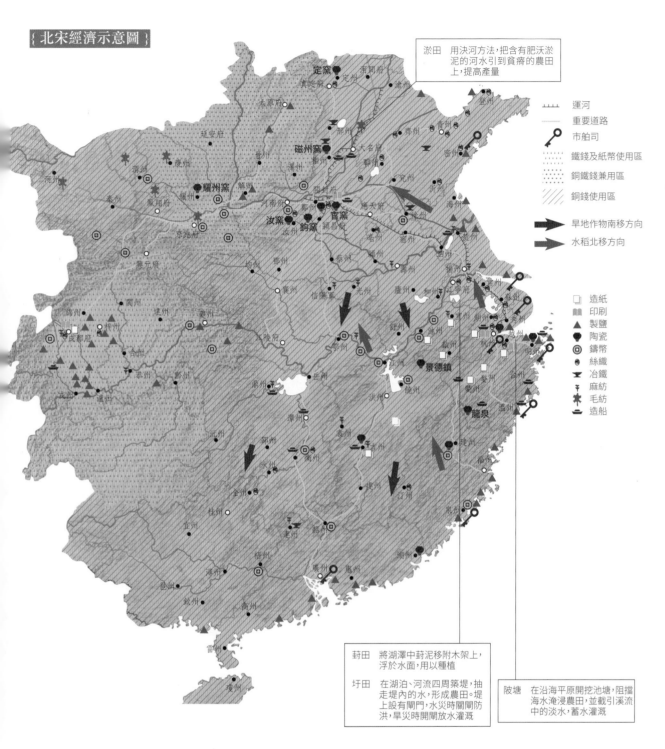

{ 北宋經濟示意圖 }

淤田　用決河方法，把含有肥沃淤泥的河水引到貧瘠的農田上，提高產量

定窯　真定府　定州　河間府　滄州　登州
磁州窯　大名府　　青州　密州
耀州窯　京兆府　河南府　鄆州　兗州　應天府　沂州　海州
汝窯　鈞窯　官窯　許昌府　亳州　宿州
　　　信陽軍　光州　廬州　和州　真州　揚州
景德鎮
龍泉
廣州　惠州
瓊州

運河
重要道路
市舶司
鐵錢及紙幣使用區
銅鐵錢兼用區
銅錢使用區

旱地作物南移方向
水稻北移方向

造紙
印刷
製鹽
陶瓷
鑄幣
絲織
冶鐵
麻紡
毛紡
造船

葑田　將湖澤中葑泥移附木架上，浮於水面，用以種植

圩田　在湖泊、河流四周築堤，抽走堤內的水，形成農田。堤上設有閘門，水災時關閘防洪，旱災時開閘放水灌溉

陂塘　在沿海平原開挖池塘，阻擋海水淹浸農田，並截引溪流中的淡水，蓄水灌溉

他如插秧用的秧馬、中耕用的雲蕩等，則是宋代的創造，對農業生產也起到了促進的作用。

仁宗時起，北宋政府就數次發佈在全國範圍內興修水利工程的詔令，王安石變法時更把興修農田水利當作大事。當時規定由諸路常平官專領農田水利，吏民有知土地所宜、種植之法及溝洫利害的，可以報向官府，經過審查，即可組織民力動工，如需數縣或數州合作，也可聯合施工。如果工程浩大，則可由政府借錢處理。在這樣積極提倡之下，全國興修的水利工程有 1 萬多處。

BC 2100
BC 1900
BC 1700
BC 1500
BC 1300
BC 1100
BC 900
BC 700
BC 500
BC 300
BC 100
0
100
300
500
700
900
907–1279
1100
1300
1500
1700
1900

圩田是兩宋時盛行於江淮、錢塘江流域的一種水利田。其修築辦法是把低窪的土地或沼澤、陂塘、湖澤、河邊沙地等用堤圍起來，闢為農田，以防止水旱災害，收灌溉之利，擴大耕地面積。"江南舊有圩田，每一圩方數十里，如大城，中有河渠，外有門閘，旱則開閘，引江水之利，潦則閉閘，拒江水之害，旱潦不及，為農美利。"

兩宋時期，南北方農作物品種的交流進一步擴大，淮北的粟、麥等傳到南方，江東旱稻也移種到河北，西瓜早在五代即從西北傳入了中原。棉花的種植已擴展到長江流域，茶樹、甘蔗等經濟作物的種植都進一步發展。從今中南半島地區引入的占城稻，也由福建推廣到了江淮流域。

靖康之變以後，中原人士紛紛南渡，人口的增長，進一步促進了南方經濟的發展。先進的農業與手工技術在南方擴展開來，新農作物在南方的種植面積得以擴大，農業手工業產品數量和質量都有所增加。日益增長的人口壓力，也迫使南方地區加快了土地開發和工商業的發展速度。

相較於北方，這一時期的南方有着相對和平穩定的發展環境。到了南宋時期，南方的農業生產超過北方，水稻成為南宋第一位的糧食作物，太湖流域的蘇州、湖州稻米生產居全國首位，有"蘇湖熟，天下足"的諺語。移民所帶來的新鮮力量，加之政府對商業貿易與海外貿易的重視與支持，南方地區的經濟發展已佔據優勢，成為朝廷稅收的主要來源。中國歷史上經濟重心由北向南的轉移在這一時期基本完成。

{ 宋代耕地面積增長 }

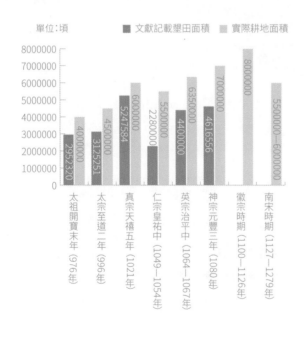

{ 280—1393年 南方著籍戶口佔全國的比重變化 }

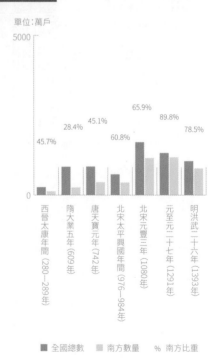

{木蘭陂}

{太湖圩田}

{《清明上河圖》中的菜園}

這是北宋都城汴梁（開封）郊外的菜地

BC 2100

BC 1900

BC 1700

BC 1500

BC 1300

BC 1100

BC 900

BC 700

BC 500

BC 300

BC 100

0

100

300

500

700

900

1100

907—1279

1300

1500

1700

1900

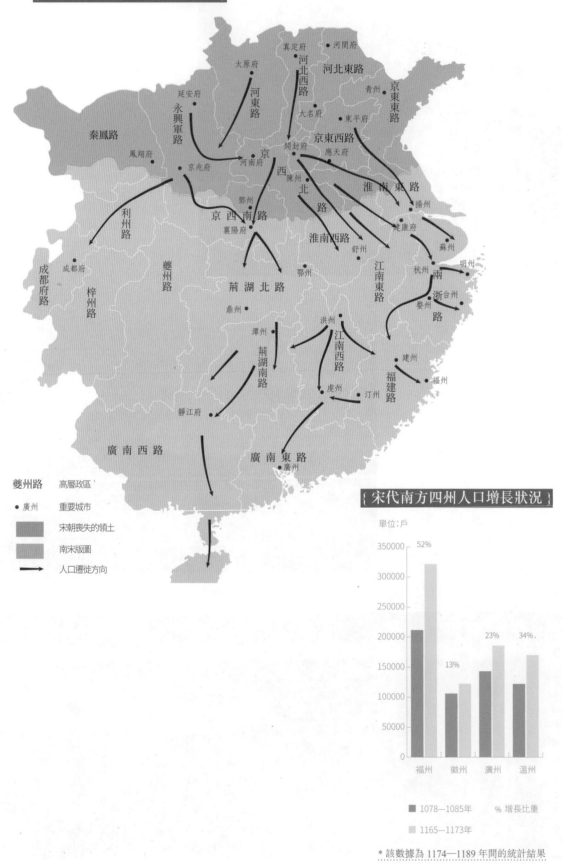

{ "靖康南渡" 人口南遷示意圖 }

太原府　真定府　河間府

延安府　河北西路　河北東路

永興軍路　河東路　青州　京東東路

秦鳳路　大名府　東平府

鳳翔府　開封府　京東西路

京兆府　河南府　應天府　淮南東路

陳州　京　揚州

利州路　鄂州　西　建康府　蘇州

成都府　襄陽府　北　明州

成都府路　夔州路　京西南路　路　淮南西路　杭州　兩　浙

梓州路　荊湖北路　舒州　江南東路　婺州　浙台州

鼎州　洪州　江南西路　建州

潭州　荊湖南路　虔州　福建路　福州

靜江府　汀州

廣南西路　廣南東路

廣州

夔州路　高層政區

● 廣州　重要城市

　　　宋朝喪失的領土

　　　南宋版圖

→　人口遷徙方向

{ 宋代南方四州人口增長狀況 }

單位：戶

52%

13%　23%　34%

福州　徽州　廣州　溫州

■ 1078—1085年　　% 增長比重

　 1165—1173年

* 該數據為 1174—1189 年間的統計結果

匠人之技：溫溫玉色照瓷甌

遼宋西夏金時期，製瓷技術進步，瓷器成為人們的主要生活用具。在這一時期墓葬壁畫所描繪的家庭圖景中，隨處可見瓷器的身影。時人的筆記小說中，也屢有提及瓷器的普遍使用狀況。

後人謂宋代有五大名窯。清人許之衡《飲流齋說瓷》有："吾華製瓷可分三大時期：日宋，日明，日清。宋最有名之有五，所謂柴、汝、官、哥、定是也。更有鈞窯，亦甚可貴。"柴窯至今未發現窯址，又無實物，因此通常將鈞窯列入，與汝、官、哥、定並稱為宋代五大名窯。除"五大名窯"外，北方的磁州窯和耀州窯，南方的龍泉窯和景德鎮窯，都是當時著名的窯口。以這些著名窯口為中心，也逐漸形成一些產品類型、裝燒方法各具特色的"窯系"。同一時期，契丹、女真等少數民族在借鑒漢人工匠製瓷技藝的基礎上，也生產出許多具有民族風格和地域特色的瓷器。

金銀器生產走向了華麗精細與樸素簡潔兩個不同面向。器皿類造型富於變化，融合民族特色與域外風情；仿古類器具端莊沉穩，古色古香。裝飾題材內容廣泛，情節生動，體現了高超的工藝水平和審美情趣。

兩宋時期的造船業十分發達，造船技術進一步發展，規模和質量也超過前代。宋代每年打造各式船隻多達數千艘，既有官營船場生產的漕船、戰船，也有民營作坊打造商船、游船等，沿海地區則有專門生產海船的場所。宋代常見的大型航海商船，可載五千料（載重約 300 噸）及五六百人。徽宗時造"神舟"出使高麗，其形"巍如山嶽"，裝載量可達六千料。《嶺外代答》中名日"木蘭舟"的遠洋海船，"一舟容千人"，船艙內不但可以養豬、釀酒，還裝備了"機杼"，開設了"市井"。

{ 宋代鎏金銀花鳥紋茶盞 }
這是當時私人作坊生產的金銀器

{ 汝窯窯址遺跡 }

{ 船上出土的瓷器殘片 }

{ 木製海船殘體 }
這是出土於泉州的宋代海船，殘長 24.2 米，殘寬 9.15 米。復原後長約 35 米，寬約 11 米。船上殘存有 4000 斤香藥和瓷器殘片，應該都是販運的貨物

BC 2100
BC 1900
BC 1700
BC 1500
BC 1300
BC 1100
BC 900
BC 700
BC 500
BC 300
BC 100
0
100
300
500
700
900
907—1279
1300
1500
1700
1900

汝窯

以燒造青瓷為主，素靜典雅，色澤滋潤純正晶瑩多變。「瑪瑙入釉」，「蟹爪紋」、「魚子紋」、「魚鱗狀開片」

{汝窯青釉洗}

定窯

以燒造白瓷為主，胎薄質細、釉色潔白，刻花、劃花、印花等裝飾技術嫻熟。使用了「覆燒」法

{定窯孩兒枕}

磁州窯

以生產黑白釉彩瓷著稱，繪花草、人物、動物或書詩詞、諺語於其上，裝飾技法獨特，有剔花、珍珠地劃花、刻劃花填彩、絞胎等

{磁州窯纏枝牡丹紋瓶}

官窯

北宋官窯釉質勻潤瑩亮，大紋片，胎骨深灰或紫色；南宋官窯釉色有粉青、天青、灰青等，紋片較細碎。宋代官窯瓷器主要為素面，既無華美的雕飾，又無艷彩塗繪，最多使用凹凸直棱和弦紋為飾。其胎色鐵黑、釉色粉青，「紫口鐵足」增添古樸典雅之美

{官窯盤}

哥窯

胎色黑褐，釉層冰裂，釉色多為粉青或灰青。「金絲鐵線」、「紫口鐵足」，「金絲鐵線」（地點尚無定論）

{哥窯青釉魚耳爐}

耀州窯

以生產青瓷為主，胎薄質堅，釉面光潔，裝飾有刻花、印花，線條自由流暢，紋飾繁密，風格粗放健美

{耀州窯纏枝牡丹紋罐}

鈞窯

以燒造彩色釉瓷為主，有玫瑰紫、海棠紅、天藍、胭脂、火紅等，色彩瑰麗，富於「窯變」。「入窯一色，出窯萬彩」、「蚯蚓走泥紋」

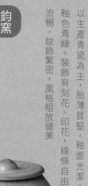

{鈞窯蓋罐}

耀州窯

景德鎮窯

宋代以燒製青白瓷為主，釉色青中閃白，白中透青，溫潤如玉，胎體輕薄細密，透光性強，裝飾手法以劃花、刻花、印花為主

{景德鎮瓷瓶}

龍泉窯

宋代以燒製青瓷，翠色濃艷瑩潤，以梅子青和粉青最負盛名，裝飾有刻花、劃花、貼花等，器型多樣

{龍泉窯雙耳瓶}

古代繪畫中的宋代各式船舶

{《江山小景圖》中的帆船}

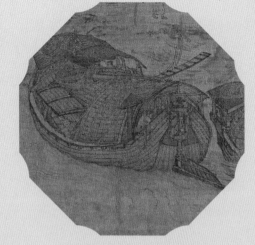

{《清明上河圖》中的貨船}

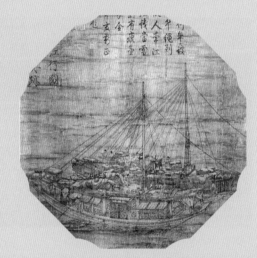

{《雪霽江行圖》中的江船}

{《西湖清趣圖》中的游船}

{《金明池爭標圖》中的龍舟}

{《柳溪捕魚圖》中的漁船}

BC 2100
BC 1900
BC 1700
BC 1500
BC 1300
BC 1100
BC 900
BC 700
BC 500
BC 300
BC 100
0
100
300
500
700
900
1100
907—1279
1300
1500
1700
1900

往聖之學：為有源頭活水來

雕版印刷與造紙技術的推廣應用，為書籍的刊刻、教育的普及創造了條件。科舉制在應試內容與取士門檻上都更加開放，廣佈的書院成了問學講學的理想殿堂。文學藝術在取材與創作對象上，呈現出一種大眾化、世俗化的氣息。新儒學家們既闡發義理，又關注現實，"為天地立心，為生民立命，為往聖繼絕學，為萬世開太平"。這是一個知識分子的閃耀年代。

長期從事政治實踐的范仲淹、歐陽修、王安石等學者，推行古文運動，力革當時浮巧輕媚的文風，認為文章應簡約流暢、有補於世；致力於史籍編撰的司馬光、范祖禹等人，開創了"宋賢史學，古今罕匹"的盛世；以豐富的詩詞創作聞名於世的文學家蘇軾、陸游等人，文以載道、關心現實，留下千古名篇；以二程、朱熹為代表的理學學派和以陸九淵為代表的心學學派，展開了一場圍繞儒家經典義理與宇宙起源等問題的哲學思辨。

印刷術的改進與火藥、指南針的廣泛運用，揭開了文化傳播與人類遷移歷史的新一頁。除此之外，兩宋時期在天文曆法、冶金技術、地理測繪、土木工程、疾病醫療等方面取得的成就，深刻影響了人類社會文明發展的進程，以至於"每當人們在中國的文獻中查找一種具體的科技史史料時，往往會發現它的焦點在宋代，不管在應用科學方面或純粹科學方面都是如此"（李約瑟《中國科學技術史‧導論》）。

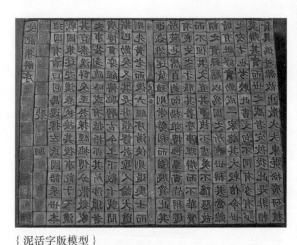

{ 泥活字版模型 }

畢昇發明的活字印刷術，其原理成為近代活字印刷術的先驅

{ 理學的派別 }

周敦頤 濂派	程顥、程頤 洛派	張載 關派	朱熹 閩派	陸九淵 象山學派
"太極"是萬物的本源，太極衍生出陰陽，陰陽再衍生五行、萬物 聖人就是仿照"太極"，到達道德最高的境界——"誠"	"理"是宇宙本源 程顥認為"心即是理"，只要求諸"本心"，就能明白"理" 程頤主張"涵養須用敬，進學則在致知"，意思是使自己的意志誠敬集中，然後觀察萬物的規律，便能領悟"理"	"氣"是充塞宇宙的實體，"氣"的聚散，形成萬物的生滅變化	朱熹是理學的集大成者。他認為萬物由"理"、"氣"形成，而"理"比"氣"更為本源 要成為聖人，就應"存天理，滅人慾"，即順應"理"運行的法則，除去自己私慾 參透"理"的方法，就是"窮理以致其知"，即通過觀察萬物的運行規律，來認識"理"	陸九淵的見解與朱熹相反，他提出"宇宙便是吾心，吾心即是宇宙"，認為"心"才是萬物的本源 一切真理都在人的心中，只要內心反省，就能領悟成為聖人的方法，不必向外界尋求

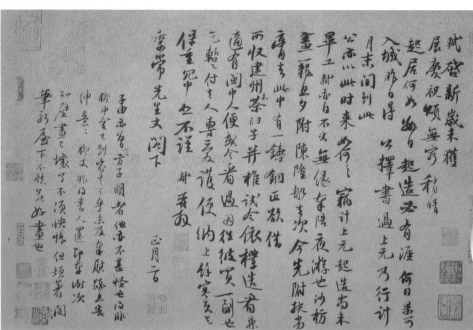

{ 蘇軾《新歲展慶帖》}

{ 蘇軾像 }

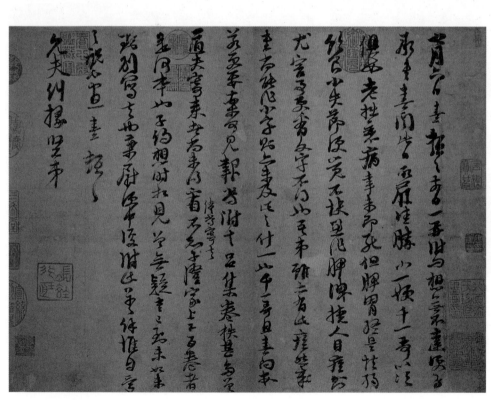

{ 朱熹行書文稿卷 }

{ 針灸銅人 }

北宋天聖五年（1027）政府主持，針
灸醫學家王惟一設計、鑄造的針灸
銅人。共有 14 條經脈和 657 個穴
位，完全仿真人製作

BC 2100

BC 1900

BC 1700

BC 1500

BC 1300

BC 1100

BC 900

BC 700

BC 500

BC 300

BC 100

0

100

300

500

700

900

907－1279

1100

1300

1500

1700

1900

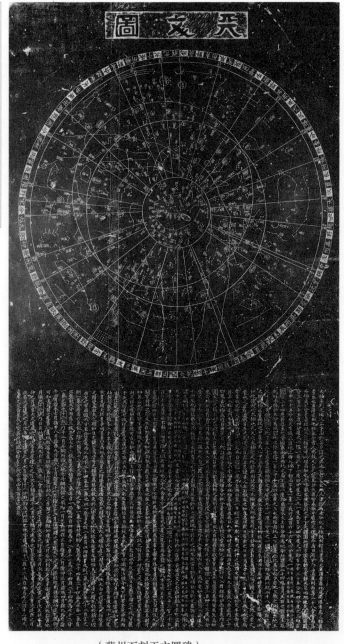

{ 蘇州石刻天文圖碑 }

此圖根據北宋元豐年間（1078－1085）的觀測結果繪
畫而成，於南宋淳祐七年（1247）刻碑。碑上半部是以
北極為中心的天文圖，下半部是說明性的碑文

{ 平江圖碑 }

這是南宋時期蘇州（平江）城的地圖

石鼓書院

（創辦人） 李寬

唐元和五年
（810 年）

（興辦）

（曾經講學的名人）

朱熹

周敦頤

（重修人） 潘時

宋若水

南宋淳熙十二年
（1185 年）

（重修時間）

白鹿洞書院

朱熹

南唐昇元年間
（937—943 年）

南宋淳熙六年
（1179 年）

陸九淵

應天府書院

曹誠

北宋大中祥符二年
（1009 年）

戚舜賓

范仲淹

嶽麓書院

朱洞

北宋開寶九年
（976 年）

劉珙

南宋乾道元年
（1165 年）

張栻

朱熹

BC 2100

BC 1900

BC 1700

BC 1500

BC 1300

BC 1100

BC 900

BC 700

BC 500

BC 300

BC 100

0

100

300

500

700

900

907—1279

1100

1300

1500

1700

1900

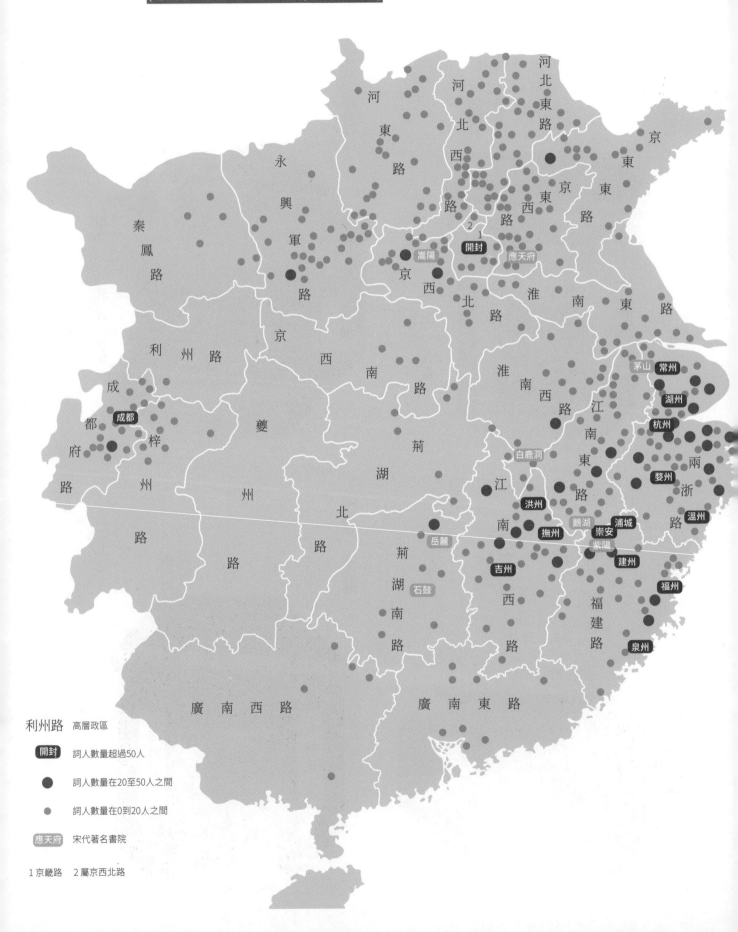

{《全宋詞》中的宋代詞人分佈示意圖}

河東路
河北西路
河北東路
永興軍路
京東路
秦鳳路
京東西路
京西北路
嵩陽
開封
應天府
利州路
淮南東路
成都府路
京西南路
梓州路
淮南西路
江南東路
茅山
常州
夔州路
湖州
杭州
荊湖北路
白鹿洞
兩浙路
江南西路
洪州
鵝湖
婺州
溫州
岳麓
撫州
浦城
崇安
紫陽
荊湖南路
石鼓
吉州
建州
福建路
福州
泉州
廣南西路
廣南東路

利州路　高層政區

開封　詞人數量超過50人

●　詞人數量在20至50人之間

•　詞人數量在0到20人之間

應天府　宋代著名書院

1 京畿路　2 屬京西北路

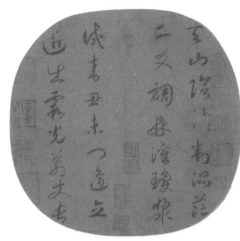

{ 宋高宗草書《天山陰雨》七絕詩團扇 }

除了徽宗以外，宋代還有幾位皇帝也很有藝術修養。
這兩幅書法作品，就是高宗趙構和理宗趙昀的御筆

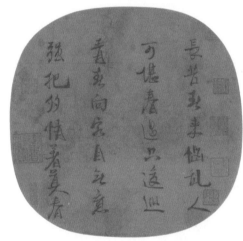

{ 宋理宗行書《長苦春來》七絕詩團扇 }

{ 宋徽宗《聽琴圖》軸 }

宋徽宗趙佶是中國歷史上最著名的文人皇帝，他詩詞歌賦、書畫藝術無不擅
長。此圖為其御筆所繪，畫面正中撫琴者即是宋徽宗本人

{ 宋徽宗《竹禽圖》}

BC 2100

BC 1900

BC 1700

BC 1500

BC 1300

BC 1100

BC 900

BC 700

BC 500

BC 300

BC 100

0

100

300

500

700

900

1100

907—1279

1300

1500

1700

1900

《宣和畫譜》所載宋前及宋朝各科畫家總數

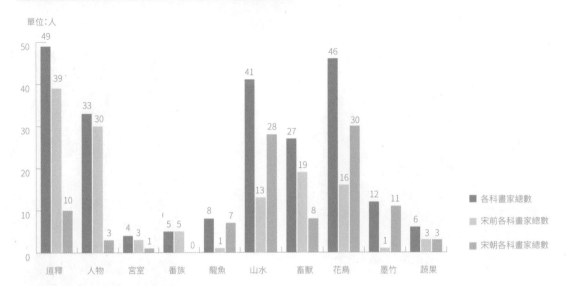

單位：人

圖例：
■ 各科畫家總數
■ 宋前各科畫家總數
■ 宋朝各科畫家總數

道釋 49 39 10
人物 33 30 3
宮室 4 3 1
番族 5 5 0
龍魚 8 1 7
山水 41 13 28
畜獸 27 19 8
花鳥 46 16 30
墨竹 12 1 11
蔬果 6 3 3

《宣和畫譜》所載宋前及宋朝各科作品總數

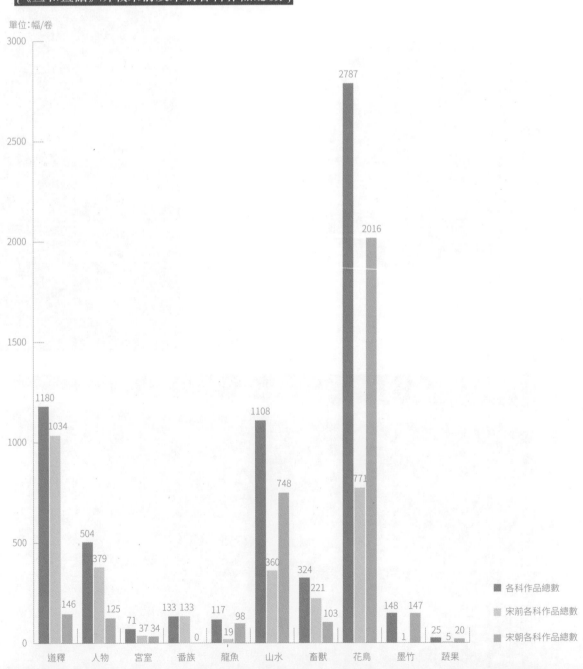

單位：幅/卷

圖例：
■ 各科作品總數
■ 宋前各科作品總數
■ 宋朝各科作品總數

道釋 1180 1034 146
人物 504 379 125
宮室 71 37 34
番族 133 133 0
龍魚 117 19 98
山水 1108 360 748
畜獸 324 221 103
花鳥 2787 771 2016
墨竹 148 1 147
蔬果 25 5 20

《夢溪筆談》條目統計

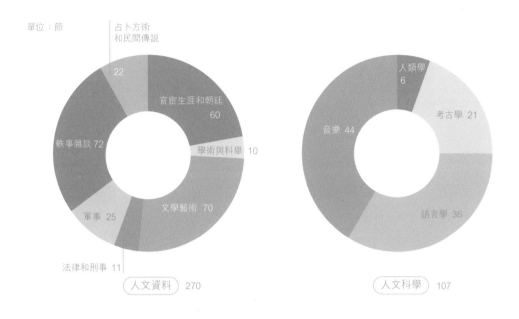

單位：節

占卜方術和民間傳說 22

官宦生涯和朝廷 60

學術與科學 10

文學藝術 70

法律和刑事 11

軍事 25

軼事雜談 72

（人文資料）270

人類學 6

考古學 21

語言學 36

音樂 44

（人文科學）107

論易經、陰陽和五行 7

數學 11

天文學和曆法 19

氣象學 18

地質和礦物學 17

地理和製圖 15

物理學 6

化學 3

工程、冶金和工藝 18

灌溉和水利工程 6

建築 6

生物科學、植物學和動物學 52

農藝 6

醫藥和製藥學 23

（自然科學）207

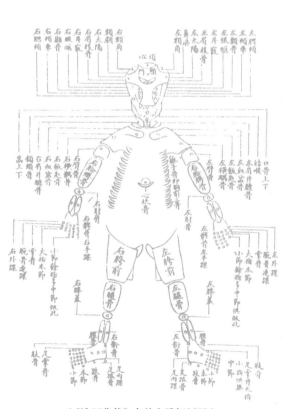

{《洗冤集錄》中的人體解剖圖 }

BC 2100
BC 1900
BC 1700
BC 1500
BC 1300
BC 1100
BC 900
BC 700
BC 500
BC 300
BC 100
0
100
300
500
700
900
907—1279
1100
1300
1500
1700
1900

119

叁 東京夢華：城市與民生

◎ 城巷之間：九土夜市徹天明　◎ 一堂家慶：華堂舉案齊眉樂

◎ 歲時月令：花燈影裏競喧闐

遼宋西夏金時期，城市商業活動突破了傳統坊市在時間和空間上的限制，城市佈局結構發生改變，市民生活也充滿情趣。商業店舖如雨後春筍散佈在城市的各個角落，勾欄瓦肆、詞曲雜劇、茶酒書畫，世俗娛樂豐富多彩。各民族傳統節令、風俗習慣漸相浸染，社會組織與民生保障日趨完善。這是紛繁世勢下平民百姓的多彩生活。

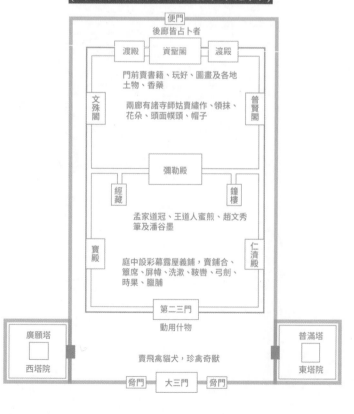

{ 東京大相國寺主院廟市示意圖 }

便門
後廊皆占卜者
渡殿　資聖閣　渡殿
門前賣書籍、玩好、圖畫及各地土物、香藥
兩廊有諸寺姑賣繡作、領抹、花朵、頭面幞頭、帽子
文殊閣　　　普賢閣
彌勒殿
經藏　　　鐘樓
孟家道冠、王道人蜜煎、趙文秀筆及潘谷墨
寶殿　　　仁濟殿
庭中設彩幕露屋義鋪，賣鋪合、簟席、屏幃、洗漱、鞍轡、弓劍、時果、臘脯
第二三門
動用什物
廣願塔　　　普滿塔
西塔院　　　東塔院
賣飛禽貓犬，珍禽奇獸
脅門　大三門　脅門

城巷之間：九土夜市徹天明

城市中，新的街市取代了舊有封閉式的里坊，居民區與商業區相互交錯、逐漸連片，大街小巷的交通網也逐漸形成，居民眾多的小巷不再相互隔離而是直通大街。"侵街為市"是北宋東京（今開封）商業在空間佈局上的典型形式。"夜市直至三更盡，才五更又復開張。"時人張擇端的《清明上河圖》與孟元老的《東京夢華錄》，為我們描繪了北宋東京城市井間的繁華景象。

商店、酒樓、食店、茶坊、瓦子、邸店、妓館及醫藥診所、當舖和各類行市、集市是街市的重要組成元素。《東京夢華錄》中的"青魚市、肉行、薑行"等，即是專門經營批發業的市場。以"果子行"為例，客商販運果木來京，先入果子行，然後由果子行批發給水果商，再由水果商零售給居民。《清明上河圖》所描繪的裏城街市，各類商店鱗次櫛比，大部分都是直接向居民出售貨物的零售舖席。東京汴梁成為一座消費、休閒、娛樂功能俱全的綜合性大都會。

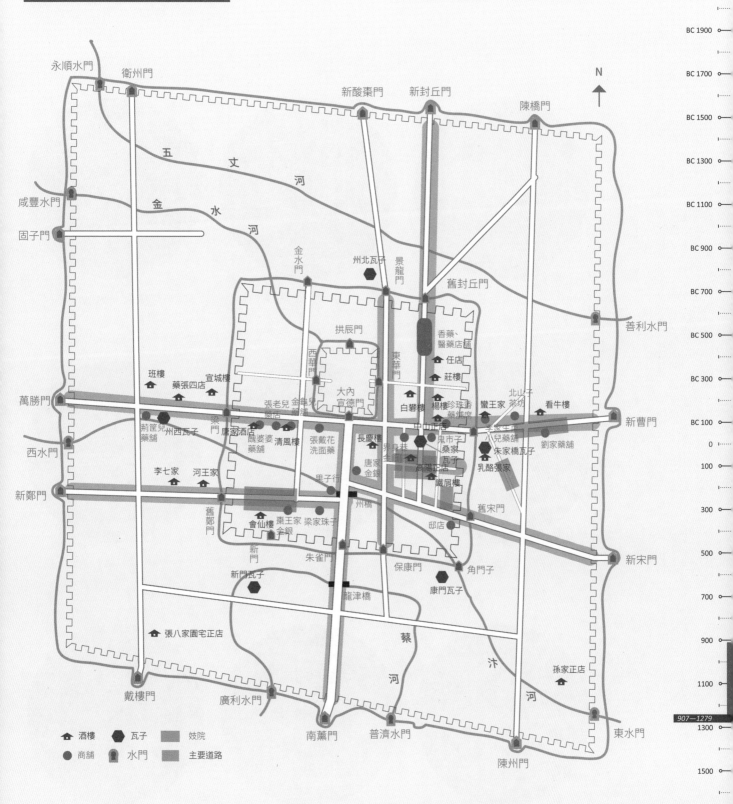

{ 北宋東京街市商舖分佈示意圖 }

{《清明上河圖》中的各色店舖}

{茶店}

{客店（久住王員外家）}

{香藥舖（劉家上色沉檀棟香）}

{肉舖}

{小酒店（十千腳店）}

{算命}

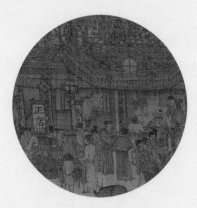

{大酒店（孫家正店）}

{綢緞店（王家羅錦匹帛舖）}

{醫舖（趙太丞家）}

宋以前，夜市為官府所嚴禁。入宋後，東京城夜市日益興旺，營業者以酒樓、食店等娛樂性行業居多。夜市"車馬闐擁，不可駐足"。酒樓裏"燈燭熒煌，上下相照，濃妝妓女數百，聚於主廊槏（簷）面上，以待酒客呼喚，望之宛若神仙。"熱鬧的夜市，使東京城成為一座不夜之城。夜市以外還有早市。每天五更時分，"諸門橋市井已開"，主要為郊區入市做買賣的農民和城內上早朝的百官服務，也向居民出售魚肉蔬菜之類的鮮活商品。

在城市體系日漸完善的同時，火災、瘟疫、災荒、人口膨脹，這些關乎生老病死的民生問題也日益顯現。宋朝政府頒佈了一系列社會保障與福利政策，設立了不少社會福利機構，救濟的對象涵蓋孤寡老人、殘疾人、乞丐、棄嬰、孤兒、貧困人口等諸多無法自立的羣體。專業的消防隊伍、城市管理隊伍也在京城建立起來。

{ 北宋商稅收入變化 }

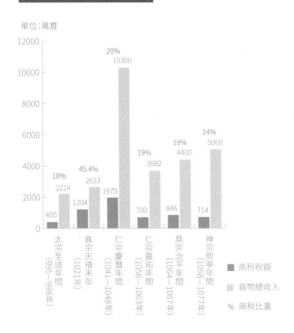

{ 宋代城市管理與慈善機構 }

汴河自隋代修通以後，逐漸成為南北交通的大動脈，汴州（東京）也成了錢帛糧儲的中轉站。"大梁（汴州）當天下之要，總舟車之繁，控河朔之咽喉，通淮湖之運漕"，體現了其在當時全國交通和漕運中的樞紐地位。便利的地理交通環境，也促進了商業貿易的發達與城市經濟的繁榮。

宋朝對商業的發展持開放的態度，商業稅收成為國家收入的重要來源，承擔了維持

{《清明上河圖》描繪的虹橋 }
虹橋位於東京汴梁城內，是橫跨在汴河上的一座木拱橋，圖中可見橋上及兩岸的繁華

國家機構運轉以及養兵備戰的巨額支出。統治者充分認識到商業在國家經濟中的地位和作用，在商業發展上給予充分的重視和支持。邊境地區，運輸商品的車馬絡繹不絕，航海線上，滿載貨物的商船千帆競發，中國正經歷着一場名副其實的"商業革命"。

　　貨幣形式的發展和變化是宋代商業發展在深度上的一個標誌。宋代，金、銀、銅錢和鐵錢都成為流通貨幣。宋神宗元豐年間（1078—1085 年）銅錢的鑄造量達五百萬貫以上，為唐朝的近二十倍，銅錢年流通總量達一億貫以上。隨着商業信貸關係的發展，宋代最先產生和使用了紙幣（交子）。

{ 宋朝銅錢的鑄造量 }	
宋太宗至道年間（公元 995 ～ 997 年）	80 萬貫
宋真宗景德末年（約 1007 年）	183 萬貫
宋神宗元豐三年（1080）	506 萬貫
宋徽宗宣和二年（1120）	300 萬貫
宋高宗紹興二十六年（1156）	22 萬貫

{ 南宋紙幣的發行量 }	
宋高宗紹興三十一年（1161）	100 萬貫
宋孝宗淳熙年間（1174—1189）	240 萬貫
宋寧宗嘉定年間（1208—1224）	2300 萬貫
宋理宗淳祐六年（1246）	6500 萬貫

一堂家慶：華堂舉案齊眉樂

"從貴族性的到庶民性的，從保守傳統到創辟蛻脫，從端莊典雅到輕躁卑俗"，這是唐宋以降社會風尚的嬗變。家禮儀制使文人士大夫的家族觀念逐步增強，世俗文化與藝術形式風靡一時。這些思想轉型與流行元素，在喪葬觀念與葬儀制度中同樣得到反映。在遼宋金時期墓葬中，常以壁畫、磚雕來模擬生宅畫面，構築一個"開芳宴"的場景。以仿木結構磚室空間營造出一個庭院或廳堂：墓主夫婦安詳端坐，僕從傭人裏外打點，侍女庖廚備宴備茶，散樂雜劇熱鬧開演，儼然一副"安居享樂"的生活圖景。

遊牧民族居無定所，走進城市是治理以漢族為主的多民族國家的客觀要求，也是他們積極吸收漢族農耕文化的表現。城市的居民來自四面八方，在民族交融中又保持着各自的民族特色。遼、西夏與金都是由少數民族建立的政權，為鞏固統治，他們都模仿中原政制設立管治機構，其生活方式也逐漸受到漢族文化的影響。而相應的，少數民族的文化技藝、習慣風俗等，也隨着戰火的硝煙抑或是和平的往來，被越來越多的漢族子弟所熟識和接受。

這一時期，北方契丹、女真等民族的服飾和裝飾日益傳播開來。"中國衣冠，自北齊以來，乃全用胡服。窄袖緋綠短衣，長靿靴，有蹀躞帶，皆胡服也。窄袖利於馳射，短衣長靿，皆便於涉草。"東京城中的官員、百姓穿着北方遊牧民族服飾的情況逐漸普遍。有些婦女效仿金國婦人的打扮，把頭髮束成辮子垂在腦後，名叫"女真妝"。臨安的舞女則戴狸帽、身着窄身胡衫。與此相應的，宋朝周邊的少數民族也深受漢族服裝的影響。契丹、女真等民族早期服飾等級並不嚴格，南下後，方仿漢制制定了嚴格等級關係的"服制"。

隨着統治區域的擴大，金朝加快了漢化進程。金熙宗天眷元年（1138 年），金朝全面推行漢族官僚體制，史稱"天眷新制"。金世宗還在貴族中普及漢化教育，推行科舉制。金章宗是漢化程度最深的金朝皇帝，在他的倡導下，女真貴族學習漢文化成為時尚。他還允許女真屯田戶與漢族通婚，加速了民族融合。

～南宋佚名《蹴鞠圖》～
蹴鞠類似於今日的足球，在宋代備受歡迎

BC 2100

BC 1900

BC 1700

BC 1500

BC 1300

BC 1100

BC 900

BC 700

BC 500

BC 300

BC 100

0

100

300

500

700

900

907—1279
1300

1500

1700

1900

{遼、宋、金墓葬中的"生活圖景"}

雜劇表演

{平陽金墓}

宴樂鼓吹

{宣化遼墓}

墓室空間

{平陽金墓}

墓主形象

{白沙宋墓}

備宴　備茶

{宣化遼墓}

梳妝打扮

{白沙宋墓}

車馬出行

{宣化遼墓}

婦人啟門

{平陽金墓}

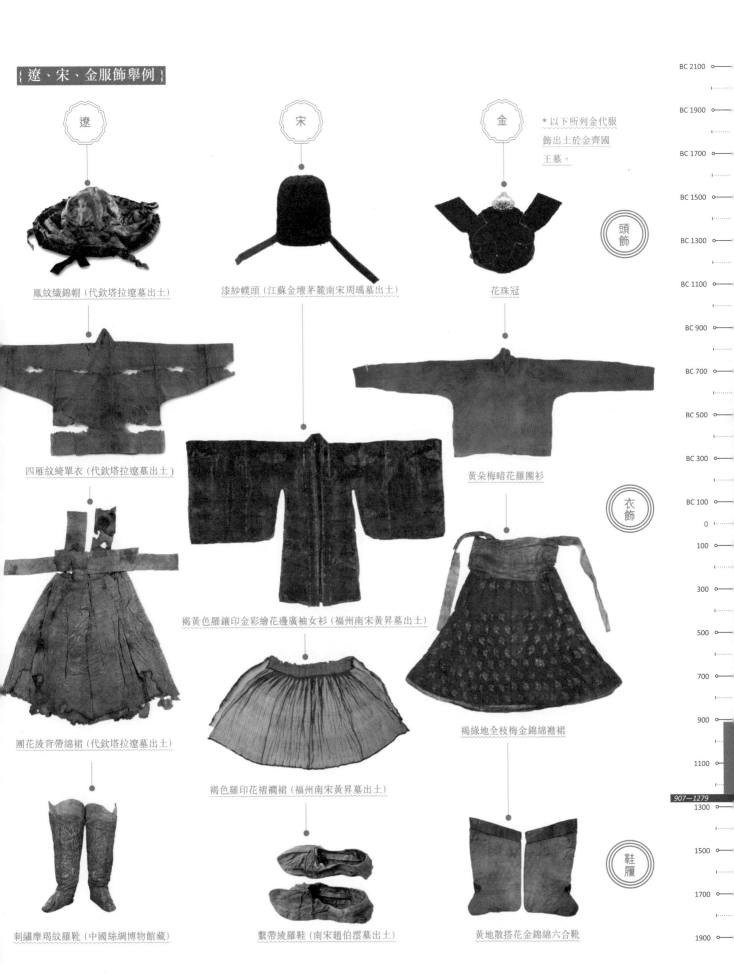

遼

宋

金

*以下所列金代服飾出土於金齊國王墓。

頭飾

衣飾

鞋履

鳳紋織錦帽（代欽塔拉遼墓出土）

漆紗幞頭（江蘇金壇茅麓南宋周瑀墓出土）

花珠冠

四雁紋綺單衣（代欽塔拉遼墓出土）

黃朵梅暗花羅團衫

團花綾背帶綿裙（代欽塔拉遼墓出土）

褐黃色羅鑲印金彩繪花邊廣袖女衫（福州南宋黃昇墓出土）

褐綠地全枝梅金錦綿襜裙

褐色羅印花褶襇裙（福州南宋黃昇墓出土）

刺繡摩羯紋羅靴（中國絲綢博物館藏）

繫帶綾羅鞋（南宋趙伯澐墓出土）

黃地散搭花金錦綿六合靴

BC 2100

BC 1900

BC 1700

BC 1500

BC 1300

BC 1100

BC 900

BC 700

BC 500

BC 300

BC 100

0

100

300

500

700

900

907—1279

1100

1300

1500

1700

1900

{ 宋代服制舉例 }

宋人繪《會昌九老圖》中高裝巾子、交領襴衫的退職文人

張擇端《清明上河圖》中的宋人服飾，有裹巾子、小袖長衣市民，有小冠子、大袖袍服道士，有笠子帽短衣勞動人民和帷帽婦女

128

太原晉祠彩塑宋代宮女形象，皆高髻、金花鈿飾、上襦、長裙、披帛、結玉環綬

歲時月令：花燈影裏競喧闐

北宋年間，一年之中的盛大節日有 27 個，平均每 13.5 天就有一個，且食與物節節不同，各具特色，受到社會各階層的喜愛，進一步繁榮了市場，豐富了飲食文化。這些節日大多源於或興起於北宋，大部分延續至今。

宋代的娛樂活動逐漸走向世俗，大眾化的娛樂場所應運而生。瓦肆（瓦子）是城鎮中固定的商業娛樂中心，其間有酒樓飯店，有賣藥、賣舊衣、賣小吃的小商販，有淨髮、剪紙等手藝人，也有算卦、賭博等三教九流。城內還有專門的表演場所謂之"勾欄"，內設舞台、後台、腰棚，四周以低矮的欄桿圈圍。勾欄規模有大有小，大者可容數千人，演出的內容有戲劇、說書、相撲、武術、雜耍等。《東京夢華錄》卷二"東角樓街巷"條載："街南桑家瓦子，近北則中瓦，次裏瓦。其中大小勾欄五十餘座。內中瓦子蓮花棚、牡丹棚，裏瓦子夜叉棚、象棚最大，可容數千人……瓦中多有貨藥、賣卦、喝故衣、探搏、飲食、剃剪紙、畫令曲之類。終日居此，不覺抵暮。"

BC 2100
BC 1900
BC 1700
BC 1500
BC 1300
BC 1100
BC 900
BC 700
BC 500
BC 300
BC 100
0
100
300
500
700
900
1100
907—1279
1300
1500
1700
1900

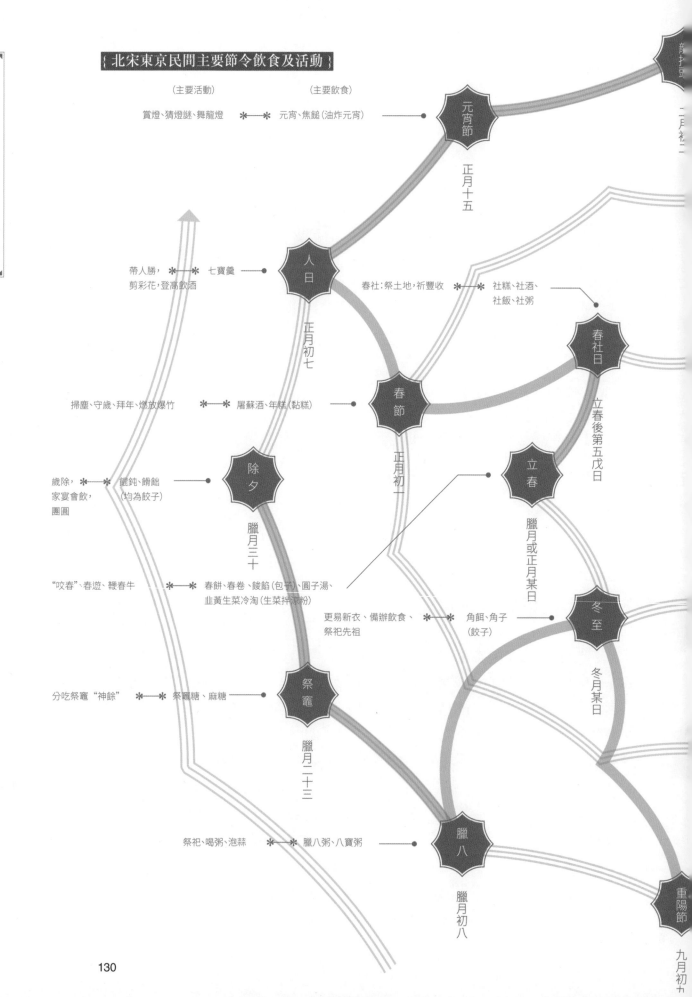

{北宋東京民間主要節令飲食及活動}

（主要活動）　　　　（主要飲食）

賞燈、猜燈謎、舞龍燈　✳—✳　元宵、焦䭔（油炸元宵）———— 元宵節　正月十五

帶人勝，✳—✳ 七寶羹 ————
剪彩花，登高飲酒

春社：祭土地，祈豐收 ✳—✳ 社糕、社酒、社飯、社粥 ———— 春社日　立春後第五戊日

人日　正月初七

掃塵、守歲、拜年、燃放爆竹 ✳—✳ 屠蘇酒、年糕（黏糕）———— 春節　正月初一

歲除，✳—✳ 餛飩、餶飿
家宴會飲，（均為餃子）————
團圓

除夕　臘月三十

立春　臘月或正月某日

"咬春"、春遊、鞭春牛 ———✳—✳ 春餅、春卷、餕餡（包子）、圓子湯、
韭黃生菜冷淘（生菜拌涼粉）

更易新衣、備辦飲食、✳—✳ 角餌、角子 ————
祭祀先祖 （餃子）

冬至　冬月某日

分吃祭竈 "神餘" ✳—✳ 祭竈糖、麻糖 ————

祭竈　臘月二十三

祭祀、喝粥、泡蒜 ✳—✳ 臘八粥、八寶粥 ————

臘八　臘月初八

重陽節

九月初九

二月初二

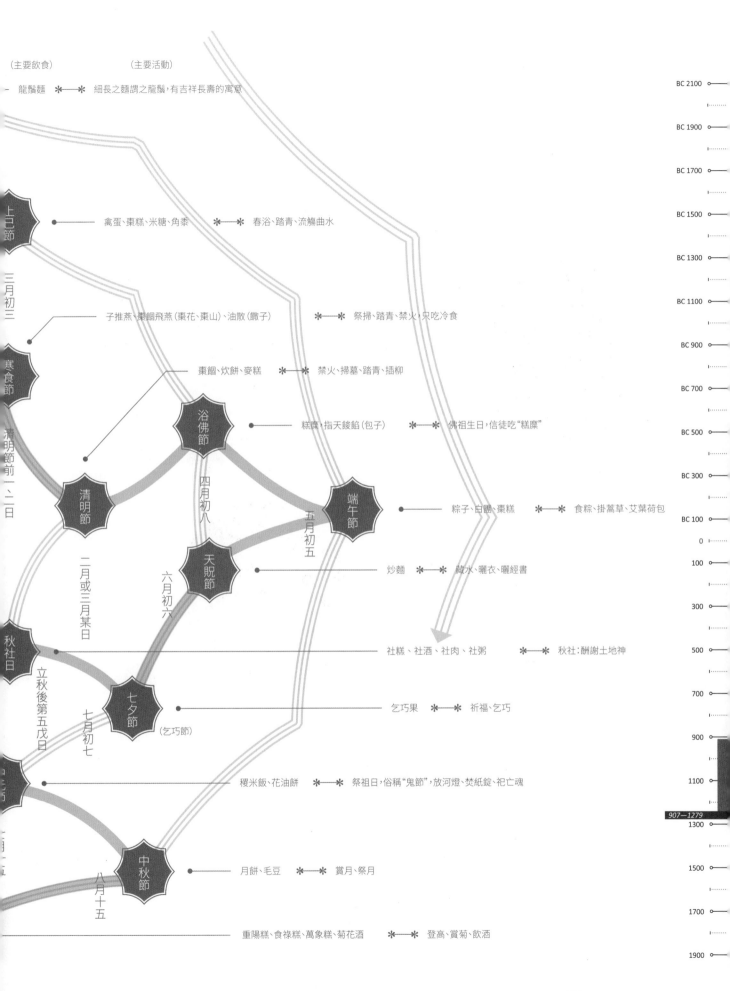

元宵

人日

春節

重陽節

中秋節

《生查子·元夕》
【宋】歐陽修
去年元夜時，花市燈如畫。
月到柳梢頭，人約黃昏後。
今年元夜時，月與燈依舊。
不見去年人，淚濕春衫袖。

《人日》
【宋】陸游
新歲逢人日，老夫持道齋。
斷冰浮野水，微綠發枯荄。
薺景豐年象，閒吟曠士懷。
春旛已陳跡，鬥巧笑吳娃。

《元日》
【宋】王安石
爆竹聲中一歲除，
春風送暖入屠蘇。
千門萬戶曈曈日，
總把新桃換舊符。

《醉花陰·薄霧濃雲愁永晝》
【宋】李清照
薄霧濃雲愁永晝，瑞腦消金獸。佳節又重陽，
玉枕紗廚，半夜涼初透。
東籬把酒黃昏後，有暗香盈袖。莫道不消魂，
簾捲西風，人比黃花瘦。

《水調歌頭·明月幾時有》
【宋】蘇軾
明月幾時有？把酒問青天。不知天上宮闕，今
夕是何年。我欲乘風歸去，又恐瓊樓玉宇，高
處不勝寒。起舞弄清影，何似在人間。
轉朱閣，低綺戶，照無眠。不應有恨，何事長
向別時圓？人有悲歡離合，月有陰晴圓缺，此
事古難全。但願人長久，千里共嬋娟。

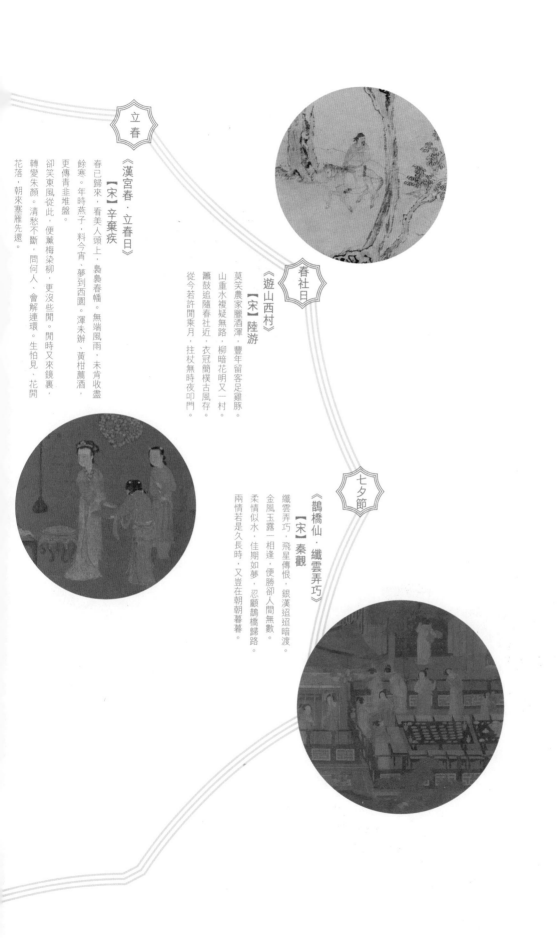

立春

《漢宮春·立春日》

【宋】辛棄疾

春已歸來，看美人頭上，裊裊春幡。無端風雨，未肯收盡餘寒。年時燕子，料今宵、夢到西園。渾未辦、黃柑薦酒，更傳青韭堆盤。

卻笑東風從此，便薰梅染柳，更沒些閒。閒時又來鏡裏，轉變朱顏。清愁不斷，問何人、會解連環。生怕見、花開花落，朝來塞雁先還。

春社日

《遊山西村》

【宋】陸游

莫笑農家臘酒渾，豐年留客足雞豚。山重水複疑無路，柳暗花明又一村。簫鼓追隨春社近，衣冠簡樸古風存。從今若許閒乘月，拄杖無時夜叩門。

七夕節

《鵲橋仙·纖雲弄巧》

【宋】秦觀

纖雲弄巧，飛星傳恨，銀漢迢迢暗渡。金風玉露一相逢，便勝卻人間無數。

柔情似水，佳期如夢，忍顧鵲橋歸路。兩情若是久長時，又豈在朝朝暮暮。

BC 2100
BC 1900
BC 1700
BC 1500
BC 1300
BC 1100
BC 900
BC 700
BC 500
BC 300
BC 100
0
100
300
500
700
900
907—1279
1300
1500
1700
1900

遼宋西夏金時期，茶文化逐漸向各地區、各階層擴展開來，品茗飲茶成為全民族共同的禮儀與風尚。上自皇帝，下至士大夫，無不好此，被譽為"盛世之清尚"。宋徽宗趙佶撰《大觀茶論》，蔡襄撰《茶錄》，黃儒撰《品茶要錄》，這些專論記錄了古代中國的飲茶之道。一些文人雅士更流行鬥茶的生活情趣，每年清明時節，新茶初出，最適合參鬥。古人鬥茶，或十幾人，或五六人，大都為一些名流雅士，也有店舖的老闆，街坊亦爭相圍觀。鬥茶的場所，多選在有規模的茶葉店，前後二進，前廳闊大，為店面，後廳狹小，兼有小廚房，便於煮茶。有些人家有較雅潔的內室，或花木扶疏的庭院，或臨水，或清幽，都是鬥茶的好場所。鬥茶者各取所藏好茶，輪流烹煮，相互品評，以分高下。

{ 南宋建窯兔毫釉茶碗 }　　{ 南宋龍泉窯青瓷茶碗 }

{ 南宋吉州窯樹葉紋茶碗 }　{ 宋耀州窯鳳穿花紋提梁壺 }

宋代鬥茶，不但有茶館、茶葉店，還講究用專門的茶壺、茶盞。如建窯兔毫盞、龍泉青瓷碗等等，便風靡一時

{ 鬥茶圖 }

{ 烹茶畫像磚 }

134

*《茶具圖讚》是南宋審安老人（董真卿）的著作，寫於咸淳五年（1269年），是我國第一部以圖譜形式寫茶事的專著。他用白描畫法畫了宋代鬥茶所用的十二件茶具，稱為"十二先生"，並按照宋代官職的名字，替每一件茶具起了姓名。

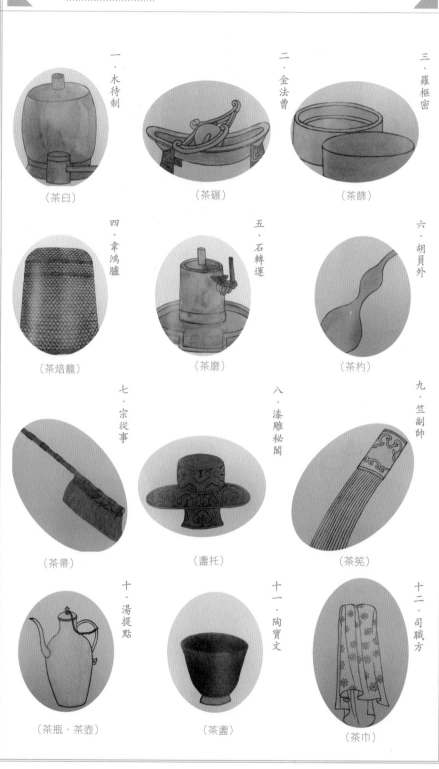

一·木待制
（茶臼）

二·金法曹
（茶碾）

三·羅樞密
（茶篩）

四·韋鴻臚
（茶焙籠）

五·石轉運
（茶磨）

六·胡員外
（茶杓）

七·宗從事
（茶帚）

八·漆雕秘閣
（盞托）

九·竺副帥
（茶筅）

十·湯提點
（茶瓶·茶壺）

十一·陶寶文
（茶盞）

十二·司職方
（茶巾）

BC 2100
BC 1900
BC 1700
BC 1500
BC 1300
BC 1100
BC 900
BC 700
BC 500
BC 300
BC 100
0
100
300
500
700
900
907—1279
1100
1300
1500
1700
1900

肆 經略域外：貿易與航海

◎ 揚帆遠行：萬里風檣看賈船 ◎ 技藝遠播：東學西漸又一新

◎ 修睦遠人：八荒爭湊萬國通

【日本製造的刀劍】

《日本刀歌》（節選）

【宋】歐陽修

昆夷道遠不復通，世傳切玉誰能窮。

寶刀近出日本國，越賈得之滄海東。

兩宋時期，陸上絲綢之路被西夏、金所阻，對外貿易只好從東南沿海走海路進行。宋朝政府建立起管理海外貿易的市舶機構，鼓勵海外貿易的發展。指南針的使用以及先進的造船技術，為遠洋航行創造了條件。有宋一代，與宋通商的海外國家有五十餘個，海外貿易收入佔政府財政收入的比重也逐步提高。經濟上的往來，也伴隨着物產交換、人員流動以及科技文化上的交融，中華文明進一步走向世界。

揚帆遠行：萬里風檣看賈船

兩宋先後在廣州、杭州、明州（今浙江寧波）、泉州和板橋鎮（今山東膠州）建立市舶司，在溫州、秀州（治今浙江嘉興）等地設市舶務，職責主要包括：根據商人所申報的貨物、船上人員及目的地，發給公憑（出海許可證）；派人上船"點檢"，防止夾帶兵器、銅錢、女口、逃亡軍人等；對進出口的貨物實行抽分制度，即將貨物分成粗細兩色，官府按一定比例抽取若干份，實際上是一種實物形式的市舶稅。廣州、泉州是與南海諸國

通商的重要港口，杭州、明州則主要經營對高麗和日本的對外貿易。

在亞洲國家中，高麗、日本與宋朝的往來最為頻繁。江浙的絲織品、瓷器、銅鏡、印本書籍，福建的瓷器、印刷品，以及各地所鑄的銅錢，都大量輸往日本與朝鮮。日本的博多港、鐮倉海岸曾發現眾多的南宋龍泉窯瓷片，湖州、明州的銅鏡在日本許多地方都有發現。宋朝從高麗輸入的商品有藥材、果品、礦物、布匹、扇子等，從日本輸入的商品主要為木材、硫黃、水銀、砂金、工藝品和倭刀。

東南亞、南亞地區與中國存在貿易往來的國家已達 50 餘個，尤以交趾（今越南北部）、占城（今越南中南部）、三佛齊（今蘇門答臘島東南部）與中國的關係最為密切。另據《宋史》《嶺外代答》《諸蕃志》等文獻

記載，宋代經由海路與中國進行貿易的還有西亞、中亞、非洲的一些國家。印度、波斯灣沿岸的許多地方，非洲的埃及、索馬里海岸，也都有宋瓷、宋錢出土。

往來於東西方航線的貿易商船，滿載着各國的豐盈物產，在波濤洶湧、變幻莫測的大海上揚帆遠行。它們中有的順利抵達，獲得了豐厚的商業利潤，有的在途中遭遇不幸，連同整船貨物一起葬身大海。隨着水下考古工作的展開，越來越多的古沉船被發現和打撈。1987 年在廣東陽江海域發現的南宋時期古沉船——"南海一號"，船上載有大量精美的瓷器、金器、鐵器、銅錢等，文物總數 6 萬至 8 萬件。

{ 巴基斯坦卡拉奇班卜霍爾港遺址 }

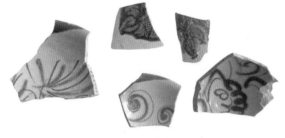

{ 班卜霍爾港遺址出土的瓷器碎片 }

班卜霍爾港是古代海上絲路的重要港口城市，這裏出土的瓷器殘片多是中國製造的外銷瓷，印證了港口當年貿易的繁華

{ 宋代航海圖銅鏡 }

{ 南海一號出水文物 }

{ 兩宋市舶收入表 }

■ 市舶收入

單位：萬緡

*歲收總額6000餘萬緡

年	市舶收入
977 太平興國二年	30
978 太平興國三年	50
1021 天禧五年	70
1053 皇佑五年	53
1076 熙寧九年	54
1140 紹興十年	100
1159 紹興二十九年	200

*緡：宋代計量單位，一緡錢為一貫錢

BC 2100
BC 1900
BC 1700
BC 1500
BC 1300
BC 1100
BC 900
BC 700
BC 500
BC 300
BC 100
0
100
300
500
700
900
1100
907—1279
1300
1500
1700
1900

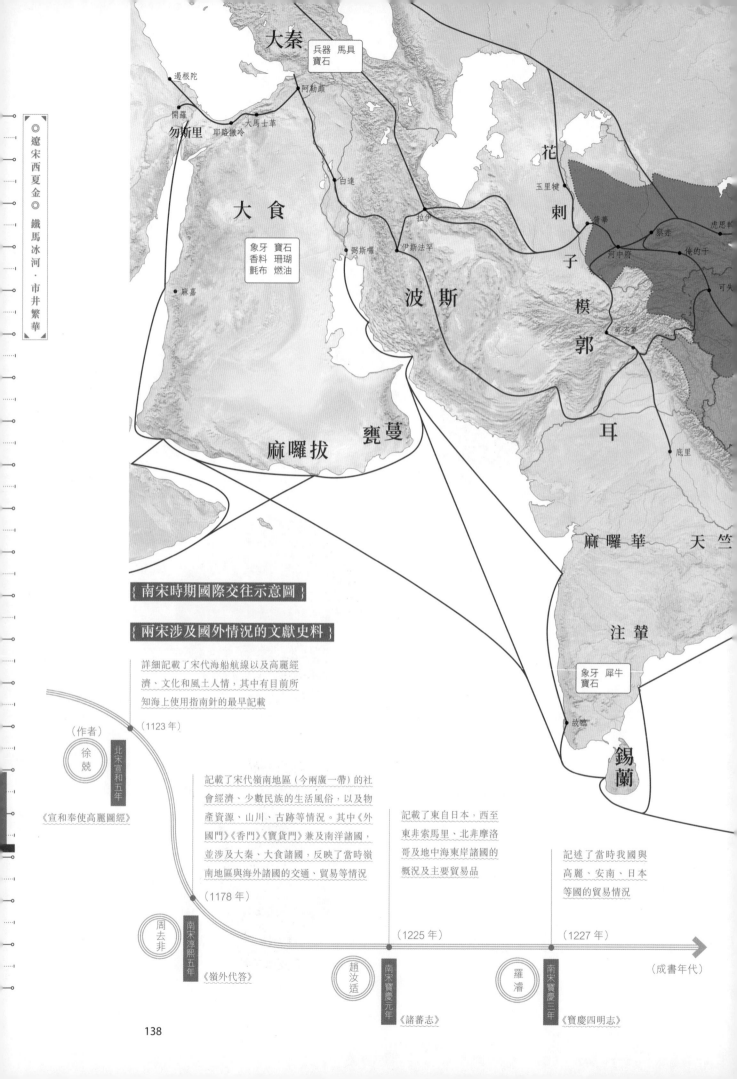

◎遼宋西夏金◎ 鐵馬冰河‧市井繁華

大秦

兵器 馬具
寶石

遏根陀
阿勒頗
開羅　　大馬士革
勿斯里　耶路撒冷

白達

大食

象牙　寶石
香料　珊瑚
氍布　燃油

弼斯囉
伊斯法罕

波斯

麻嘉

花
剌
子
模
郭

玉里犍
蒲華
尋麻
河中府

耳

可不里

底里

麻囉拔　甕蔓

麻囉華　天竺

注輦

象牙　犀牛
寶石

故臨

錫蘭

{ 南宋時期國際交往示意圖 }

{ 兩宋涉及國外情況的文獻史料 }

詳細記載了宋代海船航線以及高麗經
濟、文化和風土人情，其中有目前所
知海上使用指南針的最早記載

（1123年）

記載了宋代嶺南地區（今兩廣一帶）的社
會經濟、少數民族的生活風俗，以及物
產資源、山川、古跡等情況。其中《外
國門》《香門》《寶貨門》兼及南洋諸國，
並涉及大秦、大食諸國，反映了當時嶺
南地區與海外諸國的交通、貿易等情況

（1178年）

記載了東自日本，西至
東非索馬里、北非摩洛
哥及地中海東岸諸國的
概況及主要貿易品

記述了當時我國與
高麗、安南、日本
等國的貿易情況

（作者）

徐兢　北宋宣和五年

《宣和奉使高麗圖經》

周去非　南宋淳熙五年

《嶺外代答》

趙汝适　南宋寶慶元年

《諸蕃志》

（1225年）

羅濬　南宋寶慶三年

《寶慶四明志》

（1227年）

（成書年代）

138

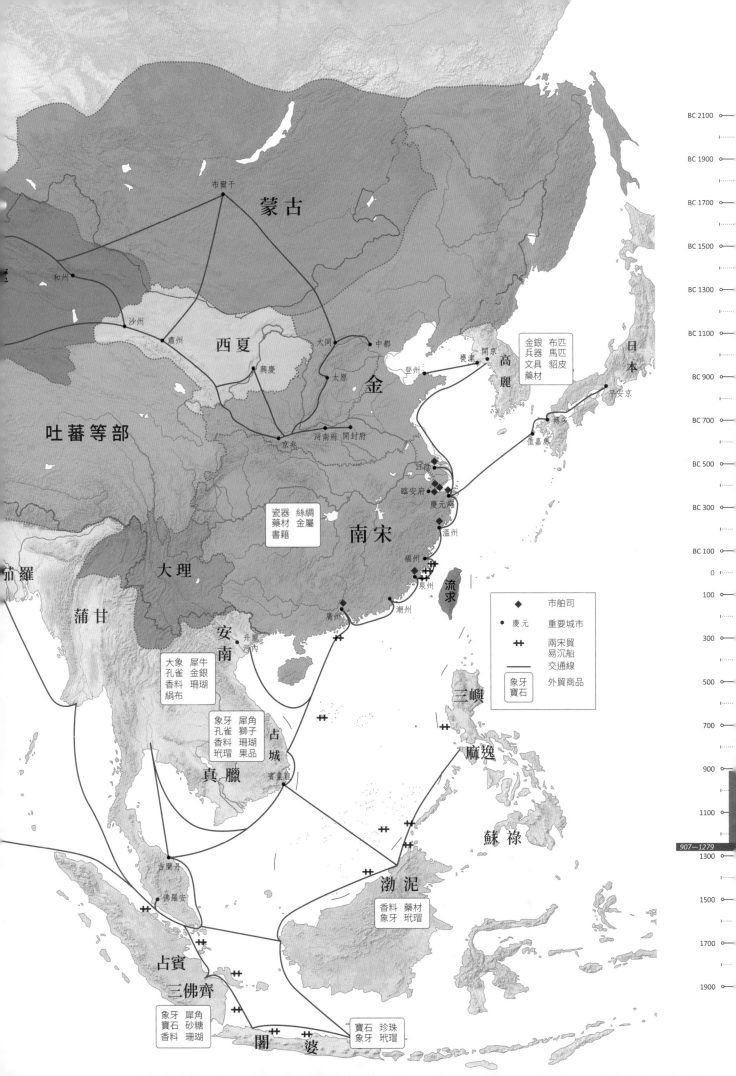

蒙古

布爾干

西夏

吐蕃等部

和州

沙州

肅州

興慶

大同

太原

中都

京兆

河南府 開封府

金

南宋

臨安府

慶元府

溫州

福州

泉州

潮州

廣州

登州

寧津

開京

高麗

平安京

日本

博多

值嘉島

流求

大理

蒲甘

安南

升龍 河內

占城

賓童龍

真臘

吉蘭丹

佛羅安

占賓

三佛齊

闍婆

三嶼

麻逸

蘇祿

渤泥

| 瓷器 絲綢 |
| 藥材 金屬 |
| 書籍 |

| 金銀 布匹 |
| 兵器 馬匹 |
| 文具 貂皮 |
| 藥材 |

| 大象 犀牛 |
| 孔雀 金銀 |
| 香料 珊瑚 |
| 絹布 |

| 象牙 犀角 |
| 孔雀 獅子 |
| 香料 珊瑚 |
| 玳瑁 果品 |

| 香料 藥材 |
| 象牙 玳瑁 |

| 象牙 犀角 |
| 寶石 砂糖 |
| 香料 珊瑚 |

| 寶石 珍珠 |
| 象牙 玳瑁 |

市舶司

慶元 重要城市

兩宋貿易沉船

交通線

| 象牙 |
| 寶石 | 外貿商品

BC 2100

BC 1900

BC 1700

BC 1500

BC 1300

BC 1100

BC 900

BC 700

BC 500

BC 300

BC 100

0

100

300

500

700

900

1100

907—1279

1300

1500

1700

1900

技藝遠播：東學西漸又一新

草原絲綢之路是蒙古草原地帶溝通歐亞大陸的商貿通道，是絲綢之路的重要組成部分。其主要路線是由中原地區向北越過古陰山、燕山一帶長城沿線，西北穿越蒙古高原、中西亞北部，直達地中海地區。中國北方民族政權與亞歐國家的往來主要依靠的就是這條絲路。1124年，契丹皇族耶律大石率部沿草原絲綢之路西遷至中亞地區，並征服了高昌回紇、喀喇汗王朝，建立西遼政權。西遼政權在保持正統的遊牧民族文化的同時，還將東方的儒家思想、語言文字、典章制度及生產方式帶到中亞地區，對當地的文化產生巨大影響。

兩宋時期是中國科技文化發展的高峰，創造出許多影響人類文明進程的重要發明。北宋時期雕版印刷得到普及，同時出現了活字印刷，13—14世紀經由絲綢之路傳入阿拉伯，再傳入歐洲；指南針廣泛用於航海，在12世紀經由海上絲綢之路傳入歐洲；火藥則主要是通過阿拉伯商人以及對外征服戰爭向外傳播。這些發明傳入歐洲，對西方近代文明的產生起到了巨大的推動作用。正如馬克思所指出的："火藥、指南針、印刷術——這是預兆資產階級社會到來的三大發明。火藥把騎士階層炸得粉碎，指南針打開了世界市場並建立了殖民地，而印刷術則變成新教的工具，總的來說變成科學復興的手段，變成對精神發展創造必要前提的最強大的槓桿。"

中國的製瓷技術也逐漸傳入周邊國家。10世紀後半期至11世紀初，高麗已能仿製宋代越州窯青瓷，11世紀中葉，又受中國龍泉窯影響，生產出真正的青綠色青瓷；宋代的青瓷、白瓷輸入日本後，備受貴族的喜愛，日本平安時代燒製出了施釉陶器，包括顏色釉、灰釉等種類。

｛北宋三種火藥配方｝

種類	火藥成分			
	硝石	硫磺	木炭	其他易燃物
毒藥煙球	38.7%	19.35%	6.45%	35.5%
蒺藜火球	50.3%	25.15%	6.28%	18.27%
火炮	47.6%	16.7%	/	35.7%

｛南宋側理紙｝

｛古維吾爾木活字｝

出土於甘肅敦煌莫高窟，是宋元時期的木活字。驗證了印刷術向西方的傳播過程

{造紙術傳播歷程}

亞洲

阿拉伯

8 世紀時，唐朝與海外的頻繁交往使造紙術傳入阿拉伯，10 世紀造紙技術傳到了敍利亞、埃及與摩洛哥

西班牙

歐洲人是通過阿拉伯人了解造紙技術的，最早接觸紙和造紙技術的歐洲國家是西班牙。12 世紀，阿拉伯人在西班牙建立了歐洲第一個造紙廠

意大利

1276 年意大利第一家造紙廠建成

法國

14 世紀，法國於巴黎東南建立造紙廠。當時法國紙張不僅供應本國，還向德國出口

歐洲

14 世紀末，德國掌握了造紙技術

與歐洲大陸一海之隔的英國，15 世紀有了自己的造紙廠。到了 17 世紀歐洲主要國家都掌握了造紙術

{宋代造紙程序}

新航線開闢後，西班牙人將造紙術帶到美洲。墨西哥造紙始於 16 世紀。美國在獨立之前也已經掌握了造紙術。19 世紀時，中國的造紙術已經傳遍世界五大洲

德國

英國

墨西哥

美洲

美國

BC 2100

BC 1900

BC 1700

BC 1500

BC 1300

BC 1100

BC 900

BC 700

BC 500

BC 300

BC 100

0

100

300

500

700

900

907—1279

1100

1300

1500

1700

1900

141

修睦遠人：八荒爭湊萬國通

由於陸上絲綢之路的阻隔，宋朝將視野投向更廣闊的海洋，對海外交往持開放態度。而就當時海外國家而言，與世界上最先進的國家建立往來關係，成了他們的共同目標。他們派出使臣、商人和宗教徒，把本國的特產帶到宋朝，又把中國的手工業品、生產技術等帶回本國，形成一種形式上的"貢賜貿易"。

為了接待朝聘和貿易往來的各國使者和商人，宋朝政府也設立了諸多專門機構。史載北宋東京城"八荒爭湊，萬國咸通。集四海之珍奇，皆歸市易；會寰區之異味，悉在庖廚"，是當時著名的國際大都會。

中日官方和民間交往不斷，有力地推進了兩國的經濟和文化交流。特別是中國自唐末五代變亂以來，漢籍缺逸頗多。日本入宋僧經常攜帶中國已失傳的經疏至宋以補闕，如《鄭氏註孝經》《越王孝經新義》《大乘止觀》《方等三昧行法》《夫台直言》等經典。同樣地，日本商船來華，書籍也是其熱心搜求的主要文化商品，至今還留下多種《舶載書目》，記載了這些商船一次次從中國販運回日本的漢籍。日本自鐮倉時代武士階層興起後，刀劍甲冑的製造有空前進步，因此日本刀劍大量輸入宋朝，很受中國人的珍視。宋代亦從日本進口以精巧見稱的折扇、螺鈿工藝品、紡織品等商品。

{ 進行貢賜貿易的主要國家及商品交換情況 }

* 大食即古阿拉伯帝國，注輦位於今印度南部，蒲端位於今菲律賓，闍婆位於今印尼爪哇島，丹流眉位於今馬來西亞。渤泥為加里曼丹島北部文萊一帶的古國；拂菻是中國史書對古羅馬的稱呼

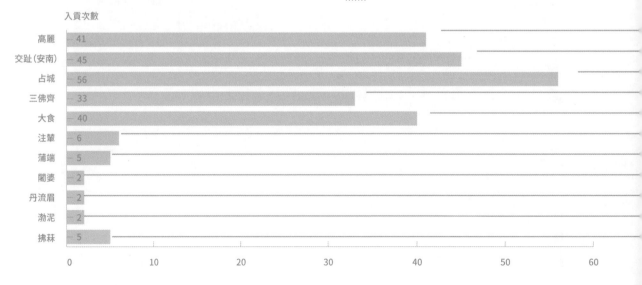

入貢次數

國家	入貢次數
高麗	41
交趾（安南）	45
占城	56
三佛齊	33
大食	40
注輦	6
蒲端	5
闍婆	2
丹流眉	2
渤泥	2
拂菻	5

北宋時，一支猶太移民經天竺（今印度）遷徙到東京汴梁，受到北宋朝廷的友好接待。宋皇帝御旨："歸我中夏，遵守祖風，留遺汴梁。"保障他們在居住、遷徙、謀業、就學、土地買賣、宗教信仰、通婚等諸方面享受與漢族同樣的權利和待遇。北宋末年，朝廷批准"一賜樂業"（希伯來文，即"以色列"的古音譯）人於聚居的土市子街建立會堂的請求，並撥付銀兩相與協助。到了金世宗大定三年（1163年），猶太會堂在今天開封的教經胡同落成。古代開封猶太人同漢、回民族保持着和睦的關係，按照本民族習俗繁衍生息，安居樂業。久而久之，開封猶太人逐漸與當地民族習俗相融。

{ 泉州出土的宋代阿拉伯文墓碑 }

{ 北宋對外接待機構 }

都亭驛　　　遼國使節

同文館　　　高麗國使節

都亭西驛　　　西夏國使節

禮賓院　　　回鶻、于闐國使節

瞻雲館　　懷遠驛　　　三佛齊、真臘、大理、大食等國使節

貢物名稱

金銀器、布、錦、紗、綾、羅、臥具、兵器、馬及馬具、香藥、硫黃、紙墨、貂皮、佛像、中國佚書等

馴象、馴犀、鶴、孔雀尾、象牙、犀角、金銀器、紗、羅、絹、綢、桂皮等香藥

犀角、象牙、玳瑁、犀牛、獅子、孔雀、丁香、沉香、胡椒、檳榔、椰子、琉璃、珊瑚、酒器、香爐等

象牙、犀角、珊瑚、琉璃器、琥珀、龍涎香、薔薇水、檀香、龍骨、白砂糖、寶石珍珠指環等

象牙、珊瑚、水晶、琉璃器、五色雜花、蕃錦、兜羅綿、越諾布、紅絲吉貝、駝毛褥面、眼藥、猛火油、唸珠等

象牙、通犀、豌豆珠、碧玻璃、乳香、金蓮花、硼砂、金錦、琉璃器等

象牙、珍珠、玳瑁、無名異、摩娑石、藤織花蕈

木香、胡黃連、蘇木、紫草、紅氈、花布、龍腦、白檀、玳瑁、象牙

象牙、玳瑁、龍腦、丁香、瓶香、紅鸚鵡

鞍馬、刀、劍、珠

宋回賜及贈送物品
錢銀、藥材、絹帛、瓷器、書籍、衣物、馬具等，對各國大同小異

BC 2100
BC 1900
BC 1700
BC 1500
BC 1300
BC 1100
BC 900
BC 700
BC 500
BC 300
BC 100
0
100
300
500
700
900
907—1279
1100
1300
1500
1700
1900

往來不斷的經貿與文化交流，不僅將域外的工藝產品輸入中國內地，也將豐富多彩的異域元素融入中華文明的智慧創造之中。在遼宋金時期的墓葬中，既發現了產自西亞、中亞等地的玻璃器、金銀器等，也發現了本地工匠模仿外來器物造型，飾以中國傳統紋樣的藝術創造。

遼宋西夏金時期，中國的對外經濟貿易與文化交流較前代更為發展，在向外輸出經濟文化的同時，也更多地吸收了世界各民族優秀文化的有益成分。"華夏民族之文化，歷數千載之演進，造極於宋之世。"這既是中華民族勤勞勇敢自強不息的奮鬥成果，也是世界文明相互影響下催生的嬌豔花朵。

{ 遼陳國公主墓出土的刻花玻璃瓶 }

{ 鎏金鏨花孝子故事銀罐 }

遼代貴族耶律羽之墓出土的銀罐，通體鎏金鏨花，外壁鏨刻的八幅孝子圖，是中原漢地傳統題材。可見各民族文化的交融

{ 金代磁州窯"張家造"春水圖瓷枕 }

此枕的紋飾被稱為"春水紋"，畫面表現海東青捕獵大雁，既有狩獵之意，也有征服之寓，是金代女真人所喜愛的圖紋。磁州窯是宋金時期北方重要的民窯窯系，"張家造"是燒造者的標記，說明瓷器已商品化

{ 遼代貴族耶律祺墓誌上的契丹文字 }

契丹文字是根據漢字字形增損而成的表音文字

{ 遼代三彩羅漢像 }

這尊遼代三彩羅漢像，工藝精湛，造型風格亦與漢地一樣，
可見當時各地區文化、藝術、科技的密切交流

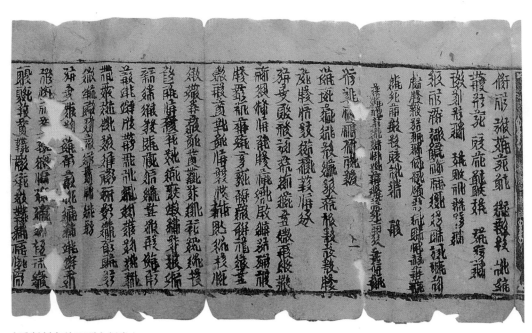

{ 雕版刻印的西夏文經卷 }

西夏文字是仿照漢字創立的詞符文字

BC 2100

BC 1900

BC 1700

BC 1500

BC 1300

BC 1100

BC 900

BC 700

BC 500

BC 300

BC 100

0

100

300

500

700

900

907—1279

1100

1300

1500

1700

1900

【參考文獻】

【1】《東京夢華錄（外四種）》，（宋）孟元老等著，古典文學出版社，1957 年。

【2】《金史》，（元）脫脫等撰，中華書局，1975 年。

【3】《宋史》，（元）脫脫等撰，中華書局，1977 年。

【4】《遼史》，（元）脫脫等撰，中華書局，2016 年。

【5】《中國歷史地圖》，程光裕、徐聖謨主編，中國文化大學出版社，1980 年。

【6】《中國歷史地圖集》，譚其驤主編，中國地圖出版社，1982 年。

【7】《陶瓷之路——東西文明接觸點的探索》，[日]三上次男著，胡德芬譯，天津人民出版社，1983 年。

【8】《宋代經濟史》，漆俠著，上海人民出版社，1987 年。

【9】《中國史稿地圖集》，郭沫若主編，中國地圖出版社，1990 年。

【10】《宋代地域經濟》，程民生著，河南大學出版社，1992 年。

【11】《宋代東京研究》，周寶珠著，河南大學出版社，1992 年。

【12】《宋代農業地理》，韓茂莉著，山西古籍出版社，1993 年。

【13】《遼陳國公主墓》，內蒙古自治區文物考古研究所、哲里木盟博物館編，文物出版社，1993 年。

【14】《兩宋財政史》，汪聖鐸著，中華書局，1995 年。

【15】《中國古代經濟重心南移和唐宋江南經濟研究》，鄭學檬著，岳麓書社，1996 年。

【16】《宋代商業史研究》，[日]斯波義信著，莊景輝譯，稻禾出版社，1997 年。

【17】《中國移民史》第四卷《遼宋金元時期》，吳松弟著，福建人民出版社，1997 年。

【18】《宋朝周邊民族政策研究》，安國樓著，文津出版社有限公司，1997 年。

【19】《金代服飾：金齊國王墓出土服飾研究》，趙評春、遲本毅著，文物出版社，1998 年。

【20】《遼宋西夏金社會生活史》，朱瑞熙等著，中國社會科學出版社，1998 年。

【21】《遼金史論》，劉浦江著，遼寧大學出版社，1999 年。

【22】《平陽金墓磚雕》，山西省考古研究所編，山西人民出版社，1999 年。

【23】《斯文：唐宋思想的轉型》，[美]包弼德著，劉寧譯，江蘇人民出版社，2000 年。

【24】《中國人口史》第三卷《遼宋金元時期》，吳松弟著，復旦大學出版社，2000 年。

【25】《宣化遼墓：1974-1993 年考古發掘報告》，河北省文物研究所編著，文物出版社，2001 年。

【26】《中華文明傳真 7．兩宋：在繁華中沉沒》，劉煒主編，杭侃編著，上海辭書出版社，2001 年。

【27】《中華文明傳真 8．遼夏金元：草原帝國的榮耀》，劉煒主編，杭侃編著，上海辭書出版社，2001 年。

【28】《劍橋插圖中國史》，[美]伊佩霞著，趙世瑜等譯，山東畫報出版社，2001 年。

【29】《白沙宋墓》，宿白著，文物出版社，2002 年。

【30】《中國經濟通史》第五卷，葛金芳著，湖南人民出版社，2002 年。

【31】《遼金生活掠影》，韓世明編著，瀋陽出版社，2002 年。

【32】《文物中國史．宋元時代》，中國國家博物館編，山西教育出版社，2003 年。

【33】《宋代海外貿易》，黃純豔著，社會科學文獻出版社，2003 年。

【34】《探尋逝去的王朝：遼耶律羽之墓》，蓋之庸著，內蒙古大學出版社，2004 年。

【35】《大夏尋蹤：西夏文物輯萃》，中國國家博物館、寧夏回族自治區文化廳編，中國社會科學出版社，2004 年。

【36】《話説中國 11 · 文采與悲愴的交響》，程郁、張和聲著，上海文藝出版社，2004 年。

【37】《話説中國 12 · 金戈鐵馬》，程郁、張和聲著，上海文藝出版社，2004 年。

【38】《中國織繡服飾全集：歷代服飾卷（上下）》，天津人民美術出版社編著，2004 年。

【39】《行走在宋代的城市：宋代城市風情圖記》，伊永文著，中華書局，2005 年。

【40】《中國史綱要》，翦伯贊主編，北京大學出版社，2006 年。

【41】《中華文明史》，袁行霈等主編，北京大學出版社，2006 年。

【42】《祖宗之法：北宋前期政治述略》，鄧小南著，三聯書店，2006 年。

【43】《宋韻：四川窖藏文物輯粹》，中國國家博物館編，中國社會科學出版社，2006 年。

【44】《昌文優武的時代 —— 宋》，《圖説中國歷史》編委會編，吉林出版集團有限責任公司，2006 年。

【45】《金戈鐵馬的交匯 —— 遼西夏金》，《圖説中國歷史》編委會編，吉林出版集團有限責任公司，2006 年。

【46】《松漠之間：遼金契丹女真史研究》，劉浦江著，中華書局，2008 年。

【47】《中國歷代戶口、田地、田賦統計》，梁方仲編著，中華書局，2008 年。

【48】《蒙元入侵前夜的中國日常生活》，[法]謝和耐著，劉東譯，北京大學出版社，2008 年。

【49】《走進遼河文明》，遼寧省博物館編，遼寧人民出版社，2009 年。

【50】《遼宋西夏金代通史》（全七冊），漆俠主編，人民出版社，2010 年。

【51】《中華文化通志》，《中華文化通志》編委會編，上海人民出版社，2010 年。

【52】《唐宋時期黃河流域的外來文明》，毛陽光、石濤、李婉婷著，科學出版社，2010 年。

【53】《中國歷代服制服式》，黃輝著，江西美術出版社，2011 年。

【54】《走向開放的城市：宋代東京街市研究》，田銀生著，生活 · 讀書 · 新知三聯書店，2011 年。

【55】《宋代江南經濟史研究》，[日]斯波義信著，方健、何忠禮譯，江蘇人民出版社，2012 年。

【56】《宋代城市研究》，包偉民著，中華書局，2014 年。

【57】《中國思想與宗教的奔流：宋朝》，[日]小島毅著，何曉毅譯，廣西師範大學出版社，2014 年。

【58】《疾馳的草原征服者：遼西夏金元》，[日]杉山正明著，烏蘭、烏日娜譯，廣西師範大學出版社，2014 年。

【59】《中國古代物質文化史 —— 繪畫墓室壁畫 (宋元明清)》，易晴著，開明出版社，2014 年。

【60】《中興紀勝：南宋風物觀止》，浙江省博物館編，中國書店，2015 年。

【61】《宋人畫冊》，鄭振鐸主編，浙江人民美術出版社，2016 年。

BC 2100

BC 1900

BC 1700

BC 1500

BC 1300

BC 1100

BC 900

BC 700

BC 500

BC 300

BC 100

0

100

300

500

700

900

907—1279

1100

1300

1500

1700

1900